Sarah Tannert

Vom Coaching bis zur Sinnfindung

Sarah Tannert

Vom Coaching bis zur Sinnfindung

Nimm dein Leben JETZT in die Hand

Trainerverlag

Impressum/Imprint (nur für Deutschland/only for Germany)
Bibliografische Information der Deutschen Nationalbibliothek: Die Deutsche Nationalbibliothek verzeichnet diese Publikation in der Deutschen Nationalbibliografie; detaillierte bibliografische Daten sind im Internet über http://dnb.d-nb.de abrufbar.
Alle in diesem Buch genannten Marken und Produktnamen unterliegen warenzeichen-, marken- oder patentrechtlichem Schutz bzw. sind Warenzeichen oder eingetragene Warenzeichen der jeweiligen Inhaber. Die Wiedergabe von Marken, Produktnamen, Gebrauchsnamen, Handelsnamen, Warenbezeichnungen u.s.w. in diesem Werk berechtigt auch ohne besondere Kennzeichnung nicht zu der Annahme, dass solche Namen im Sinne der Warenzeichen- und Markenschutzgesetzgebung als frei zu betrachten wären und daher von jedermann benutzt werden dürften.

Coverbild: www.ingimage.com

Verlag: Der Trainerverlag ist ein Imprint der
Südwestdeutscher Verlag für Hochschulschriften GmbH & Co. KG
Heinrich-Böcking-Str. 6-8, 66121 Saarbrücken, Deutschland
Telefon +49 681 37 20 271-1, Telefax +49 681 37 20 271-0
Email: info@verlag-trainer.de

Herstellung in Deutschland:
Schaltungsdienst Lange o.H.G., Berlin
Books on Demand GmbH, Norderstedt
Reha GmbH, Saarbrücken
Amazon Distribution GmbH, Leipzig
ISBN: 978-3-8417-5036-5

Imprint (only for USA, GB)
Bibliographic information published by the Deutsche Nationalbibliothek: The Deutsche Nationalbibliothek lists this publication in the Deutsche Nationalbibliografie; detailed bibliographic data are available in the Internet at http://dnb.d-nb.de.
Any brand names and product names mentioned in this book are subject to trademark, brand or patent protection and are trademarks or registered trademarks of their respective holders. The use of brand names, product names, common names, trade names, product descriptions etc. even without a particular marking in this works is in no way to be construed to mean that such names may be regarded as unrestricted in respect of trademark and brand protection legislation and could thus be used by anyone.

Cover image: www.ingimage.com

Publisher: Trainerverlag
is an imprint of the publishing house
Südwestdeutscher Verlag für Hochschulschriften GmbH & Co. KG
Heinrich-Böcking-Str. 6-8, 66121 Saarbrücken, Deutschland
Phone +49 681 37 20 271-1, Fax +49 681 37 20 271-0
Email: info@verlag-trainer.de

Printed in the U.S.A.
Printed in the U.K. by (see last page)
ISBN: 978-3-8417-5036-5

INHALTSANGABE

VORWORT

Jeder hat sein Päckchen aus der Kindheit oder auch jetzt noch zu tragen. Der eine mehr der andere weniger. Sie allein entscheiden, was Sie daraus machen. Welchen Weg Sie gehen, ob Sie ihn verlassen oder einen neuen Weg ausprobieren. Es gibt unzählige Möglichkeiten und immer haben Sie die freie Wahl, für welchen Weg Sie sich entscheiden.

Coaching ist ein bewusst werden dessen, was bereits schon immer in ihnen steckt. Sie müssen nur die „Kellertüre" öffnen, um ihre Ressourcen hoch zu holen. Diese wieder gewonnenen Fähigkeiten werden „abgestaubt" um sie wieder nutzten zu können. Das heißt, es findet keine Beratung im eigentlichen Sinne statt, sonder eine Begleitung und Unterstützung, die eigenen Lösungswege zu finden und umzusetzen. Der Sinn einer solchen „Beratung" ist, die wirklich passende Lösung für Sie zu finden und nicht irgendwelcher „Beraterfantasien" zu folgen. Veränderung kann nur beginnen, wenn Sie selbst dafür bereit sind, wenn Sie selbst für sich beschlossen haben etwas Neues zu beginnen und etwas Altes los zu lassen.

Durch Mut und Entschlossenheit, werden Sie lernen, der Stimme ihren Herzens zu folgen und ihr Leben selbst in die Hand zu nehmen.

Sie allein entscheiden, ob Sie den Fokus auf die schlechten Dinge des Lebens richten oder auf die schönen Dinge, wie z.B. einen Sonnenaufgang in aller Ruhe zu betrachten, in dem Sie das Eins sein mit der Natur spüren können.

Bemühen Sie sich, aus der Vergangenheit zu lernen, Sie zu akzeptieren, die Gegenwart zu genießen und durch die Annahme der Vergangenheit und der jetzigen nicht änderbaren Situationen den Weg für eine bessere Zukunft frei zu machen.

Oft sind Sie in ihren eigenen Gedanken gefangen, weil Sie den „Blick über den Tellerrand" verloren haben.

Es sind „Glaubenssätze“ wie z.B. „Du bist selbst dafür zu dumm“, die ihnen von ihrem Elternhaus und ihrem Umfeld auferlegt wurden. Über all die Jahre als ihnen das eingeflößt wurde, glauben Sie nun selbst daran. Mit diesem Wissen, das es ihnen zum Teil nur eingeredet wurde, können Sie nun ihre „Glaubenssätze“ neu hinterfragen. Aber dazu später mehr.

Wenn Sie am Kapitel der Spiritualität angelangt sind, werden Sie wieder zu sich selbst finden und wieder erkennen, wie wunderbar und wertvoll das Leben ist.

Sie werden das Glück in sich finden.

Sie werden eine tiefe Zufriedenheit spüren.

Sie werden vollstes Vertrauen ins Leben haben.

Sie werden spüren, dass dies ein Gefühl von Freiheit mit sich bringt.

Sie werden merken, wie sich ihre Lebensqualität grundlegend zum Positiven verändert.

Und die Verbundenheit des All-Eins sein spüren.

Seien Sie geduldig mit sich. Auch dies braucht seine Zeit und geht nicht von heute auf morgen. Die zeitliche Investition sich damit zu befassen und es Schritt für Schritt umzusetzen, lohnt sich, damit Sie endlich sagen können:

“Ich lebe mein Leben!“

ALLTAGSPSYCHOLOGIE

Wie Sie wissen, sind alle Menschen durch, ihr Aussehen, Verhalten und Denken unterschiedlich. Durch die Vielzahl von Interessen konzentrieren Sie sich auf verschieden Dinge. Wenn Sie z.B. den ganzen Tag mit einer Person zusammen sind und das gleiche gesehen haben, kann es sein, das jeder den Tag anders erlebt hat. Oft kommt es darauf an, wie ihre persönlichen Eigenschaften sind.

Wie zum Beispiel: schnell oder langsam, jetzt oder später, alles auf einmal oder nacheinander, erst ich und dann der andere oder erst der andere und dann ich…

Was genau wollen Sie wissen, wie sieht die Umgebung aus, welche Menschen sind da, wie genau sehen sie aus, welchen Beruf haben sie, sind sie fröhlich oder gelangweilt. Welche Gebäude sind zu sehen wie genau sehen die Türe aus, die Fenster, aus welchem Material sind sie…

Sie werden merken, dass Sie das eine mehr und das andere weniger interessiert. Und somit hat jeder Mensch seine eigenen Vorlieben und Meinungen.

Nur weil Sie mal eine andere Meinung als ihr Chef haben, heißt es noch lange nicht, dass weder das eine noch das andere gut oder schlecht ist. Durch die eigenen Betrachtungsweisen, Erfahrungen und Vorlieben hat jeder seine eigene Wahrheit der Dinge.

Auch durch die Erziehung der Eltern, des Umfeldes und der Kultur, bringt jeder andere Werte und andere Erfahrungen mit sich. Es kommt ganz darauf an, was Sie daraus machen wollen. Sie können alles übernehmen oder die Augen öffnen und für sich das Beste herausholen. Sie können sich über die Vergangenheit aufregen und sich Jahrelang selbst bemitleiden oder Sie nehmen ihr Leben JETZT in die Hand und gestalten es nach ihren Wünschen. Das liegt ganz bei ihnen. Ob dieser Weg den Sie einschlagen der Richtige ist, können Sie erst wissen, wenn Sie ihn betreten haben.

Wenn es noch nicht der Richtige Weg für Sie war, können Sie ihn genauso gut wieder verlassen und einen neuen Weg einschlagen.

Es gibt unzählige Abzweigungen. Sie müssen nur Mut zur Veränderung haben und fest Entschlossen sein, ihr Leben so zu gestalten, das es zu ihnen persönlich passt mit all ihrem Können und ihren (realistischen) Wünschen. Das ganze Leben bringt ständig Veränderungen mit sich und Sie müssen immer wieder neue Entscheidungen treffen.

Angenommen Du könntest frei entscheiden, was würdest du in deinem Leben ändern wollen?

Was genau hindert dich daran es zu tun?

Und was wiederum hindert dich daran?

WAHRNEHMUNG 1

Im Alltag muss ihr Gehirn ständig filtern, was für diesen Moment wichtig ist.

Wenn Sie z.B. eine stark befahrene Straße überqueren wollen, konzentrieren Sie sich auf den Verkehr und werden während dessen höchstwahrscheinlich keine SMS in ihr Handy eingeben.

Nicht selten kommt es auch bei Verkehrsunfällen, zu unterschiedlichen Aussagen der Zeugen, nicht nur weil Sie vielleicht einen anderen Blickwinkel hatten sondern auch andere Dinge damit verbinden. So kann es sein, das der eine sagt, der vorher durch eine Tempo 30 Zone gefahren ist, das der Unfallverursacher (der mit 50 km/h unterwegs war) zu schnell war. Während ein anderer Zeuge der gerade von der Autobahn kommt, der Meinung ist, der Unfallverursacher war ja gar nicht so schnell unterwegs. Diese unterschiedliche Wahrnehmung rührt daher, dass der Mensch im Verhältnis- zu denkt. Für den Fahrer, der aus der Tempo 30 Zone kommt, sind 50 km/ h schnell und für den Fahrer der gerade von der Autobahn kommt ist Tempo 50 langsam.

Bitten Sie jemanden die Augen zu schließen und bieten Sie ihm dann ein Glas Cola an. Statt der Cola haben Sie Wasser im Glas, da er die Augen aber zu hat und denkt er trinkt Cola wird er für einen kurzen Moment die Cola schmecken. Da er weiß wie Cola schmeckt, erst nach einem kurzen Augenblick, wenn die Geschmacksknospen den Geschmack des Wassers ans Gehirn weitergeleitet haben, wird ihm bewusst, dass es Wasser ist. Manche Menschen haben eine so starke Vorstellungskraft, das sich sogar der Speichelfluss im Mund vermehrt, wenn sie an eine Zitrone denken.

Wahrnehmen ist nicht nur sehen sondern auch riechen, schmecken, hören und fühlen gehören dazu. So kann es z.B. sein, dass ein Blinder die Atmosphäre im Raum spüren kann ohne die Gesichter zu sehen oder gar zu hören was sie sagen.

Durch den stressigen Alltag verlieren wir leider immer mehr die Fähigkeit, auf unser Gefühl zu hören. Oft entscheiden wir zu kognitiv. Diese Entscheidung mag dann Rationell sehr gut sein, die persönliche Zufriedenheit bleibt dann all zu oft auf der Strecke (dazu später mehr).

Tool

Betrachten Sie doch mal eine Situation aus mehreren Perspektiven. Suchen Sie sich eine Situation aus, die für Sie nicht ganz klar ist. Nehmen Sie ein Blatt Papier und malen die beteiligten Personen auf, auch den Abstand und die Blickrichtung der jeweiligen Personen. Schauen Sie von oben auf das Bild und versetzen sich in diese Person, bei der Sie wissen möchten, warum diese Person so gehandelt hat, dann die nächste Person usw. versetzen sie sich dann auch noch mal in ihre Lage als sie dort tatsächlich anwesend waren.

Was ist vor der Situation passiert?

Warum haben Sie so gefühlt?

Würden Sie mit der Situation jetzt anders umgehen können?

Was hat das mit ihnen zu tun?

Stellen Sie sich die Situation so vor, wie Sie für Sie am optimalsten abgelaufen wäre. Sprechen Sie die Sätze ruhig laut oder spielen Sie es nach.

Statt des Papiers können sie auch Gegenstände nehmen und diese so positionieren wie es in der Situation war. Bei dieser Methode haben sie etwas mehr Spielraum. Sie können die Figuren nämlich bewegen und hinein spüren wie wäre es gewesen, wenn es so oder so abgelaufen wäre. Wenn sie dann die für sich passende Lösung gefunden haben, können sie mit der Vergangenheit Frieden schließen.

Spüren Sie in sich, wie sich die Zufriedenheit anfühlt und akzeptieren sie dennoch die Situation wie sie damals abgelaufen ist. Das Gefühl der Befreiung hilft ihnen, die Situation so anzunehmen wie sie war. Das Beste an der Vergangenheit ist, das Sie vorbei ist und nur noch in ihrem Kopf existiert, wenn Sie es zulassen.

Wer ist der Schöpfer deiner Gedanken?

GEDANKEN

Wer bestimmt ihre Gedanken?

Die Situation?

Derjenige der zu ihnen spricht?

In erster Linie tauchen sicherlich Bilder oder Gedanken zu der Situation oder dem Gesagten auf. Wenn Sie sich aber Gedanken zu vergangenen und bevorstehenden Situationen machen, können Sie selbst entscheiden wie Sie darüber denken. Wenn Sie beispielweise im Wald zelten wollen, können Sie denken: „Hoffentlich kommt Nachts kein Wolf zu uns." Oder „Wie schön wird es sein, der Natur zu lauschen."
Was war ihr erster Gedanke?

Lesen Sie noch einmal die Sätze und achten Sie darauf, welche Gefühle bei den jeweiligen Sätzen in ihnen hoch kommen.

Sie habe die Fähigkeit darüber nachzudenken und die Situation aus einer anderen Perspektive zu betrachten. Dabei sind ihre Gedanken die Grundlage ihrer Gefühle.

Du bist der Schöpfer deiner Gedanken.

Haben Sie manchmal darüber nachgedacht, warum ihre Mitmenschen sich so oder so verhalten? Während Sie so darüber nachdenken ohne diese Person direkt anzusprechen, kommen ihnen ihre eigenen Gedanken und zusammenhänge hoch. Wenn Sie sich weiter damit befassen, haben Sie bald eine eigene Geschichte zu diesem Menschen gesponnen. Je nachdem wie sehr Sie sich damit befassen, sind Sie nachher von ihrer eigenen zusammengesponnenen Geschichte so überzeugt, dass es für Sie tatsächlich so ist.

Andere Möglichkeiten, setzten Sie außer Betracht, da Sie genauestens darüber nachgedacht haben und es nur so sein kann. Und dann fragen Sie mal, was seine Version dazu ist, vermutlich eine ganz andere.

Auf Grund eigener Erfahrungen und Wahrnehmungen, haben Sie eine andere Weltanschauung und Selbstwahrnehmung. Somit hat jeder seine eigene Wahrheit. Eine totale Wahrheit der Situation gibt es nicht, zu viel geht dem voraus und kommt dem nach, so dass es immer wieder zu verschiedenen Betrachtungsweisen kommt.

Vielleicht haben Sie schon einmal von dem Place Bo Effekt gehört. Dabei handelt es sich um „Tabletten“ ohne Wirkung. Nur allein der Glaube daran hat schon Linderung hervorgerufen. Es kommt natürlich ganz darauf an, wie krank derjenige ist oder woher die Krankheit kommt. Aber bei Heimweh beispielsweise, hilft sie oft.

ZIEL

Das Wort „nicht“ kann unser Gehirn nicht verarbeiten. „Denken Sie nicht an eine gelbe Ente“. Was haben sie gesehen? So ist es also Ratsam seine Ziele positiv zu formulieren und das Wort „nicht“ dabei auszusparen.

Tool

Formulieren Sie ihr Ziel positiv

Ich möcht nicht mehr dick sein – Ich möchte schlank sein.

Ich möchte nicht mehr rauchen – Ich bin frei von Zigaretten und kaufe mir von dem Geld…

Visualisieren Sie das Bild, wo Sie hin möchten.

Spüren Sie in sich hinein wie es sich anfühlen würde, wenn Sie ihr Ziel erreicht haben.

Suchen Sie sich ein Sache die Sie früher schon einmal umgesetzt haben und spüren Sie noch einmal in sich rein wie es war, als Sie ihr Ziel endlich erreicht haben.

Machen Sie sich sogenannte Teilschritte. Schreiben Sie auf, was Sie dafür brauchen um ihr Ziel zu erreichen und machen Sie ungefähre Zeitpläne, an denen Sie messen können wie weit Sie sind.

Bleiben Sie dabei realistisch und übertreiben Sie nicht, setzten Sie sich ihr Ziel aber dennoch so hoch wie möglich. Finden Sie einen gesunden Mittelweg.

Du kannst dir nun 10 Ausreden einfallen lassen, um irgendwann einmal damit zu beginnen oder du fängst jetzt mit Mut und Entschlossenheit an. Das ist ganz allein deine Entscheidung.

Seien Sie Entschlossen. Entschlossen sind Sie, wenn eine Sache zu 100% nicht mehr wollen oder eine Sache zu 100% wollen.

Tool

Denken Sie an Situation zurück, als Sie schon einmal etwas so richtig wollten und es geschafft haben. Spüren Sie in sich hinein, wie es sich angefühlt hat, als Sie voller Entschlossenheit diesen Weg gegangen sind.

Wo genau können Sie dieses Gefühl im Körper spüren?

Wie genau fühlt es sich an?

Welche Bilder kommen in ihnen hoch?

Welche Gedanken kommen dabei hoch?

Was hat ihnen damals die Kraft gegeben?

Wer oder was könnte Sie bei der Umsetzung unterstützten?

Machen Sie sich Gedanken, *wie* Sie etwas ändern können. Betrachten Sie das Ziel aus verschiedenen Perspektiven und finden Sie die positiven Folgen heraus.

Der Weg ist das Ziel - Das Ziel ist die Motivation

WAHRNEHMUNG 2

Der erste Eindruck hängt von ihrer subjektiven Wahrnehmung ab. Gefällt ihnen das Auftreten? Gefällt ihnen das aussehen? Ist Sympathie vorhanden? Oder haben Sie sogar schon Vorurteile weil die Tante eines Bekannten schon so einiges über diese Person erzählt hat? Allzu oft, lassen wir uns von irgendwelchen Vorurteilen beeinflussen und dennoch gibt es garantiert eine positive Seite aber das ist ja meist nicht ganz so spannend. Machen Sie sich ihr eigenes Bild von dieser Person und folgen Sie nicht immer dem Geschwätz anderer.

Wenn Sie eine Beschreibung einer Person bekommen, die Sie nicht kennen, so werden Sie dieser Person nach den erst genannten Eigenschaften beurteilen.

Sie werden sie als positiver oder negativer einstufen je nach dem in welcher Reihenfolge die Eigenschaften aufgezählt werden.

Diese Person ist zielstrebig, verlässlich, kreativ, unordentlich, kritisch und unhöflich.
Diese Person ist unhöflich, kritisch unordentlich, kreativ, verlässlich und zielstrebig.
Von welcher der beiden Personen haben Sie nun einen besseren Eindruck?

Stellen Sie sich vor, ihre Tochter studiert im Ausland und Sie setzten alles daran, dass ihre Tochter gute Noten schreibt. Nun bekommen Sie einen Brief von ihr in dem Sie ihnen Mitteilt, dass es ihr seit ein paar Wochen sehr schlecht geht. Sie hat ständig starke Kopfschmerzen, in der Gastfamilie wird Sie als Aschenputtel behandelt, Freunde, habe Sie auch noch nicht gefunden und letzte Woche ist Sie sogar noch überfallen worden und hat ein paar Prellungen davon getragen.

Was fühlen Sie nun?

Zu guter Letzt schreibt sie, nichts davon ist wahr ich habe nur eine 5 geschrieben.

Was fühlen Sie jetzt?

Je nach dem was sie hören oder denken es wir ständig verglichen mit gut oder böse. Der Mensch ist nun mal ein dual denkendes Wesen (wir denken im Verhältnis zu), entweder oder, das eine oder das andere. Mit etwas Übung und Feingefühl können Sie jedoch lernen einen Mittelweg zu finden oder beides miteinander zu Vereinbaren.

WERBUNG

Mit diesem Hintergrundwissen können auch Umfragen gut manipuliert werden. Eine neue Antifaltencreme möchte auf den Markt.

Die Umfrage lautet: „Welche der beiden Antifaltencremes würden Sie ihrer Freundin empfehlen?“ Die Auswahl besteht aus einer billigen Antifaltencreme die dazu noch schlecht abgeschnitten hat und der etwas teureren, die viele Versprechungen macht und nun neu auf den Markt kommt. Welche der beiden würden Sie nun ihrer Freundin empfehlen, wenn Sie sich entscheiden müssten?

Und somit lautet das Ergebnis, 99 von 100 Frauen würde diese Antifaltencreme ihrer Freundin empfehlen.

Viele Werbesprüche prägen sich unbewusst in ihr Gehirn ein. Wie z.B. Erst mal zu …

Auch wenn es ihnen nicht bewusst ist, ein gewisser Anteil in ihnen sagt, na dann gehe ich erst mal bei … einkaufen.

Oder diese Werbungen, wenn Sie das kaufe, dann haben Sie eine glückliche Familie.

Sogar Kinder werden dafür benutzt. Es wird einfach ein niedliches Bild auf die Verpackung der Küchenrollen gedruckt und schon wird sich das Kind bei der Entscheidung der Küchenrolle einmischen.

ANNAHME

Jeder von uns hat Schwächen, hat vielleicht Lampenfieber vor einem Auftritt oder der Schweiß läuft ihm nur so runter wenn er vor einer Gruppe sprechen muss, nehmen Sie die Schwächen an die Sie momentan haben, das gehört jetzt in dieser Situation zu ihnen und was ist schon so schlimm daran jeder hat seine Schwächen.

Je öfter Sie sich bewusst machen, dass dies in diesem Moment zu ihnen gehört bzw.das Sie diese so annehmen können, desto mehr werden ihre Schwächen nachlassen.

Genauso ist es, wenn Sie sich gestoßen haben. Sie können jammer und fluchen, dadurch wird der Schmerz nicht weniger. Oder Sie nehmen den Schmerz an und er wird nicht so lange andauern.

Das was Du annehmen kannst, wirst Du los lassen können.

Das annehmen, wie so viele andere Dinge, können nicht nur kognitiv umgesetzte werden Sie müssen aus tiefsten Herzen kommen. Sie müssen es spüren.

WAHRNEHMUNG 3

Sie sehen die Welt, so wie Sie sie sehen wollen. Sie können sich auf all die negativen Ereignisse konzentrieren oder Sie erfreuen sich an den schönen Dingen und sind dankbar dafür, dass Sie all das haben.

Genauso ist es, wenn Sie Hunger haben, dann werden Sie überall essen sehen.

Wenn Sie eine neue Wohnung suchen, werden Sie überall die Wohnungen sehen, die frei stehen.

Wenn Sie einen Tanzkurs besuchen möchten, werden ihnen all die Plakate und Flyer auffallen auf denen damit geworben wird.

Es kommt also ganz darauf an, was für Sie in diesem Moment wichtig ist, gehen Sie achtsam mit dem Moment um, seien Sie präsent in ihrem Handeln und Sie werden offener dafür sein, ihre Chancen wahrzunehmen.

SELBSTBEWUSSTSEIN

Sind Sie weniger Wert als andere?

Ist ein Obdachloser weniger Wert als ein Präsident?

Wie allzu oft spielt auch gerade bei diesem Thema unsere Erziehung eine große Rolle. Vielleicht erkennen Sie die eine oder andere Regel:

- Du hast zu gehorchen.
- Du hast zu den Autoritäten hinauf zu gucken.
- Widersprich nicht.
- Du kannst auch gar nichts.
- Nimm dir ein Beispiel an…
- Nimm dich nicht so wichtig.
- Das was du sagst ist Unfug.
- Deine Meinung interessiert keinen.

Drohungen , Mahnungen und Verbote, statt Ermutigungen. Bei all diesen Regeln kommt der Lob, wenn Sie mal etwas richtig gemacht haben viel zu kurz. Denn es galt als selbstverständlich, wenn Sie etwas gut gemacht heben. Und somit musste es nicht weiter erwähnt werden.

Es macht auch einen großen Unterschied, ob Sie als Person oder nur für das Verhalten getadelt werden. Sobald Sie als Mensch getadelt werden, so wird gleich gedacht, Sie als Ganzes sind nichts Wert. Wenn nur das Verhalten getadelt wird, so ist es nur ein Teil ihrer Person der in diesem Moment einen Fehltritt hat. In diesem Moment ist nur ein Teil ihrer Person „nicht so viel Wert“ und nicht die ganzer Person an sich.

Wen wundert es da schon, dass der Selbstwert nicht erkannt wird, dass Sie an sich Zweifeln und Sie Entscheidungsschwierigkeiten haben, wenn ihnen überwiegend die Fehler vorgehalten wurden. Oder: „Tu dies nicht und tu das nicht". Ständig mussten Sie sich darauf konzentrieren, was Sie zu tun und zu lassen haben. Das hat sich so ein geprägt, dass Sie auch heute noch oft verunsichert sind und manchmal nicht wissen, wie Sie sich entscheiden sollen. Sie machen sich allzu viel Gedanken darüber, was die andere von uns erwarten bzw. was sie über uns denken. Sie wollen einfach alles richtig machen um Anerkennung zu bekommen. Dies wiederum liegt in der Natur des Menschen, deswegen ist es ihnen auch heute noch so wichtig.

Früher, war es tatsächlich von Nöten, um nicht von der Gruppe ausgeschlossen zu werden. Da ging es noch ums überleben, wenn Sie heut zu Tage aus einer Gruppe von Menschen ausgeschlossen werden, könnten Sie sich neue Freunde/ Bekannte/Gleichgesinnte suchen. Früher war das eher unmöglich, da wohnten die Gruppen als Volk zusammen und keiner wusste, wo das nächste Volk ist und wenn sie eines finden würden ob Sie überhaupt freundlich aufgenommen werden würden. Somit waren Sie darauf angewiesen, durch Anerkennung durch die Gruppe, nicht ausgestoßen zu werden.

Da Sie nun Erwachsen sind, können Sie ihre Entscheidungen selbst treffen. Und wenn Sie ihr Selbstbewusstsein aufbauen wollen, dann machen Sie das. Auch dies braucht seine Zeit aber Schritt für Schritt und durch permanentes Üben werden Sie es schaffe. Schließlich ist es bereits in ihnen vorhanden. Sie müssen es nur wieder ausgraben und an die Oberfläche holen.

Tool____

Stellen Sie sich eine Situation vor, in der Sie gerne selbstbewusster reagieren möchten.

Spielen Sie sie in ihrem Kopf ab, wie die Situation verlaufen soll und spüren Sie in sich hinein, wie es sich anfühlt, wenn Sie mit ganzem Herzen dahinter stehen und sich der Situation stellen.

Machen Sie dies ein paar Mal am Tag oder vor dem Schlafen gehen, ein paar Tage lang.

Dann gehen Sie bewusst in diese Situation hinein.

Auch dieses machen Sie ein paar Mal. Sie werden merken, dass es mit jedem Mal angenehmer wird und auf einmal ist es auch für Sie Normalität geworden.

Machen Sie eine Liste mit all den Dingen die Sie persönlich bezüglich ihres Selbstbewusstseins erreichen möchten. Dann gehen Sie sie Schritt für Schritt durch. Sobald Sie wieder eine Situation in der Sie selbstbewusster auftreten möchten gemeistert haben und auch diese dann zum Alltag gehört, machen Sie mit dem nächsten Schritt weiter. Seien Sie geduldig mit sich, Sie müssen sich immer wieder der Situation stellen und durch sie hindurch gehen.

Um selbstsicher aufzutreten müssen, Sie zunächst einmal wissen was Sie überhaupt möchten und dann auch ganz klar dahinter stehen. Sie werden nie alle Menschen erreichen. Es gibt immer welche die mit ihrer Meinung nicht übereinstimmen aber ebenso gut gibt es Menschen die auch ihrer Meinung sind. Akzepttieren Sie die Meinung anderer, somit haben auch Sie das Recht anderer Meinung zu sein.

Sei dir selbst treu in deinem Denken, Verhalten und Fühlen. Somit wirst du authentisch und ernstgenommen.

Was Sie alles dürfen:

- Sie dürfen sich genauso wichtig nehmen wie ihren Chef.
- Sie dürfen ohne Schuldgefühl Nein sagen.
- Sie müssen ihr Verhalten/ihre Meinungen nicht ständig rechtfertigen.
- Auch Sie dürfen Kritik äußern.
- Auch Sie haben ein Recht darauf, dass es ihnen gut geht.
- Auch Sie dürfen ihre Bedürfnisse und Wünsche äußern.
- Auch Sie haben das Recht, Fehler zu machen.
- Sie haben das Recht nach ihren Vorstellungen zu leben.

Wer sagt ihnen, dass Sie dies oder jenes nicht dürfen?

Wer sagt ihnen, dass ihnen das nicht zusteht?

Als Baby und kleines Kind waren Sie von ihren Eltern abhängig ohne Sie oder andere erwachsene Bezugspersonen wären Sie nicht überlebensfähig. Diese Angst ist bei manch einem Erwachsenen noch vorhanden, die Angst vor Ablehnung und die Angst zu Versagen. Machen Sie sich bewusst, dass Sie alt genug sind, um für sich selbst zu sorgen.

Und was kann ihnen schon passieren, wenn jemand mal anderer Meinung ist als Sie?

Schlimmstenfalls können Sie eine Ablehnung erfahren aber werden Sie daran sterben?

Nehmen Sie die Ablehnung an, akzeptieren Sie, dass er so reagiert, er weiß es eben nicht besser, da kann er ihnen doch nur leidtun. Vermutlich hat er selbst kein wirkliches Selbstbewusstsein, er spielt sich nur so auf, um von sich abzulenken. Und mal ehrlich würden Sie diesen Menschen als wahren Freund bezeichnen?

Nehmen Sie einen Geldschein, zerknüllen Sie ihn und trampeln darauf rum, so als wenn Sie es wären, als auf ihnen herum getrampelt wurde.

Nun nehmen Sie den Geldschein und falten Sie ihn wieder auseinander. Ist er jetzt weniger Wert als vorher?

Fangen Sie an, sich so anzunehmen wie Sie sind, nur so können Sie voll und ganz hinter sich stehen und die Dinge umsetzten, die Sie gerne möchten.

Um selbstsicher handeln zu können, müssen Sie zunächst selbstsicher denken, Sie müssen klar entscheiden was Sie überhaupt möchten und voll und ganz dahinter stehen. Durch selbstsicheres denken, können Sie selbstsicher handeln.

Machen Sie sich auch bewusst, dass auch Sie Rechte haben sich gut zu fühlen und ihren Bedürfnissen zu folgen. Dazu gehört auch „Nein“ sagen. Auch hier müssen sie schon im Kopf und im Gefühl ganz klar dazu stehen, was Sie möchten. Sie haben das Recht dazu wie jeder andere auch.

Wichtig ist auch, wenn mal etwas danebengeht, dass Sie es annehmen. Das gehört zum Menschsein dazu, keiner ist perfekt.

Das was du annimmst, kannst du los lassen.

Sie alleine haben ihre Gefühle unter Kontrolle, denn das was Sie denken bestimmt ihre Gefühlslage. Nehmen wir mal an, jemand hat Sie verbal verletzt, das ist kein schönes Gefühl.

Welches Recht hat er, ihre Gefühle so zu beeinflussen?

Sie allein bestimmen, wie Sie sich fühlen wollen.

Oder denken Sie einmal darüber nach, was das mit ihnen zu tun hat, wenn Sie sich verbal angegriffen fühlen.

Ist das vielleicht etwas, für das Sie sich selbst Verurteilen?

Verurteilen Sie sich nicht, ändern Sie es oder nehmen Sie es an.

Tool____

Schließen Sie die Augen und denken an eine Situation, die ihnen nicht gefallen hat.

Wie sah es dort aus?

Wer war dabei?

Was wurde gesagt?

Was wurde gerade macht?

Vielleicht schmecken oder riechen Sie etwas?

Wie sind ihre Körperhaltung und die Mimik?

Wo genau in ihrem Körper spüren Sie dieses Gefühl und wie genau fühlt es sich an?

Schließen Sie erneut die Augen und denken an eine Situation in der Sie sehr glücklich waren.

Wie sah es dort aus?

Wer war dabei?

Was wurde gesagt?

Was wurde gerade gemacht?

Vielleicht schmecken oder riechen Sie etwas?

Wie ist ihre Körperhaltung und Mimik?

Wo genau in ihrem Körper spüren Sie dieses Gefühl und wie genau fühlt es sich an?

Konnten Sie einen unterschieden zwischen der unangenehmen und der angenehmen Situation spüren?

Wer hat diese Gefühle hervorgerufen?

Nehmen wir mal an, Sie gehen auf eine Party, Sie machen sich Gedanken darüber was alles schief gehen kann, Sie stolpern und jeder sieht es, Sie kleckern und jeder sieht es, Sie stehen ganz allein in einer Ecke und jeder denkt, Sie haben keine Freunde.

Drehen Sie die Gedanken einmal um, Sie gehen erhobenen Hauptes hinein, Sie lächeln und grüßen den ein oder anderen den Sie kennen. Beim Buffet bietet sich die Gelegenheit ein Smalltalk zu beginnen, Sie ergreifen dieses Chance und gehen durch diese Situation hindurch.

Auch hier gilt wieder durch üben, üben, üben wird es bald zur Normalität. Und wenn mal doch etwas schief geht „so what“, jeder macht mal Fehler und hat seine Schwächen. Oder etwa nicht?

Das was du annehmen kannst, kannst du los lassen.

Denken Sie doch mal darüber nach, was Sie können, jeder kann etwas besser oder schlechter. Somit sind wir Menschen doch auf einer Ebene. Es gibt keinen Menschen der alles kann und es gibt keinen Menschen der nichts kann.

Nimm dich so an wie du bist und es wird dich keiner mehr verletzten können.

Wir werden nie alle Menschen mit unserem Verhalten gleich glücklich machen. Also Verhalten Sie sich so wie Sie es für richtig halten ohne darüber nachzudenken, was wohl ihr gegenüber von ihnen denken mag. Somit sind Sie authentisch, Sie wissen was Sie wollen und stehen dazu, das wiederum zeichnet ihr Selbstbewusstsein aus.

Unabhängig von den selbstsicheren Gedanken, gehört auch die Körpersprache hinzu:

- Stellen oder setzten Sie sich aufrecht hin.
- Lächeln Sie aber bleiben Sie dabei authentisch.
- Bleiben Sie locker und ruhig, machen Sie nicht allzu viele nervöse Bewegungen oder Verkrampfungen.
- Der Händedruck ist fest.
- Sprechen Sie laut und deutlich.

- Schauen Sie ihrem gegenüber in die Augen.
- Formulieren Sie klar und deutlich ohne eigentlich, weil, vielleicht, wenn, aber…
- Sprechen Sie in der Ich Form, streichen Sie das Wort „man“ aus ihrem Vokabular

Du kannst dir nun 10 Ausreden einfallen lassen, um irgendwann einmal damit zu beginnen oder du fängst jetzt mit Mut und Entschlossenheit an. Das ist ganz allein deine Entscheidung.

Um ein Gespräch zu führen, stellen Sie offen Fragen wie: Warum? Wann? Wo? Was? Wie?. Erzählen Sie von sich und ihren Ansichten, das macht Sie interessant. Außerdem nehmen Sie den Verlauf des Gesprächs nicht auf ihre Verantwortung, dazu gehören mindestens zwei. Also bleiben Sie locker, wenn ihnen mal nichts einfällt. Das ist dann einfach mal so, nehmen Sie es an.

Lassen Sie sich nicht allzu schnell abwimmeln wenn Sie etwas möchten. Bleiben Sie bei dem was sie möchten und lassen Sie sich nicht auf eine unendliche Diskussion eine, die nur im Kreise verläuft. Sie haben das Recht dazu, wie jeder andere auch.

Kritik muss nicht immer negativ gewertet werden. Sie ist dazu da, ihr Verhalten zu reflektieren und um sich dem zu Folge, wenn Sie es möchten, positiv zu verändern. Wenn Sie Kritik erhalten, nehmen Sie diese an. Sie können dann entscheiden, ob die Kritik für Sie überflüssig ist oder ob Sie sie umsetzten wollen.

Letzt endlich ist es eine Sichtweise / eine Wahrnehmung eines anderen Menschen und Sie haben die freie Entscheidung darüber nachzudenken, was Sie daraus machen wollen. Genauso gut können auch Sie konstruktive Kritik verteilen.

Lassen Sie sich kein schlechtes Gewissen machen, nur weil jemand gut reden kann. Überdenken Sie die Situation sachlich und lassen Sich Sie nicht durch irgendwelche Manipulationen verunsicher.

Lassen Sie sich nicht darauf ein „ich habe schon so viel für dich getan …" Das was diese Person für Sie getan hat war ganz und gar seine persönliche Entscheidung und sollte aus freien Stücken geschehen sein und nicht, um es später als Druckmittel für ein schlechtes Gewissen einzusetzen.

Fordern Sie ihr Recht ein, bleiben Sie dabei sachlich.

Wer sagt, dass Sie nicht das Recht dazu haben?

Wer sagt, das Sie wertlos sind, wenn Sie keine Anerkennung bekommen?

Wer entscheide, was Sie zu denken haben?

Nun wissen Sie, dass viele Verhaltensmuster und Denkweisen aus der Kindheit kommen. Viele Denkweisen, die ihnen eingeredet wurden, wie z.B. „Du bist ein Taugenichts.", wurden so hingenommen. Jetzt haben Sie die Möglichkeit, all das was ihnen eingeredet wurde neu für sich zu überdenken und zu hinterfragen.

Tool

Nehmen Sie einen hinderlichen/negativen Glaubenssatz (das was ihnen eingeredet wurde, das was Sie über sich oder andere denken) und über legen Sie folgendes:

Woher kommt dieser Glaubenssatz, von wem haben Sie den gehört?

Wie können Sie 100 % sicher sein, das dieser Glaubenssatz tatsächlich richtig ist?

Gab es positive Erfahrungen, in denen der Glaubenssatz nicht mit dem Erlebten übereinstimmte?

Was wird für Sie durch diesen Glaubenssatz möglich?

Was wird dadurch sichergestellt?

Was sind die Vorteile, wenn Sie so denken?

In welchen Situationen ist dieses Denken sinnvoll?

Welcher Glaube könnte hilfreicher sein?

Was genau würde passieren, wenn Sie diesen Glaubenssatz in einen positiven umformuliere würden?

(z.B. Ich bin für einige Dinge viel zu blöd. – Ich kann einige Dinge sehr gut)

Was würde es für Sie bedeuten, wenn Sie nun den neuen Glaubenssatz befolgen würden?

Wie würden Sie jetzt glauben, wenn Sie für sich noch einmal alles überdenken würden?

Möchten Sie den neuen Glaubenssatz übernehmen?

Dann wiederholen Sie folgendes:

Tool____

Überprüfen Sie den neuen positiven/realistischen Gedanken. Stimmt das wirklich?

Dann bestätigen Sie es für sich. Seien Sie entschlossen dieses umzusetzen.

Spüren Sie wie es sich in ihrem Körper anfühlt, wenn Sie mit ihrer neuen Überzeugung Eins sind.

Nehmen Sie es so genau wie möglich wahr.

Wo spüren Sie es?

Was genau Spüren Sie?

Ist es eher warm oder kalt? ist es er kribbelig oder ein schauer?

Vielleicht haben Sie auch eine Farbe oder ein Bild vor Augen?

Manche Menschen hören einen Klang oder etwas anderes.

Beschreiben Sie dieses positive Gefühl für sich möglichst genau und spüren Sie sich in den neuen Satz hinein. Verweilen Sie eine Zeit darin.

Üben Sie es immer wieder.

Der Mensch ist ein „Gewohnheitstier", somit ist es unumgänglich es immer wieder zu üben und zu wiederholen, damit die Veränderung auch eintreten kann und in den Normalzustand integriert wird. Wichtig ist auch, ein Gespür für dieses Gefühl zu bekommen. Nur mit einer kognitiven Umstrukturierung werden Sie nicht weit kommen Sie müssen es auch spüren.

Nochmal zurück zur Ausgangsfrage, wie wertvoll sind Sie?

Tool____

Nehmen Sie ein Blatt Papier und malen Sie 3 Kreise darauf.

Ein Kreis steht für Sie

Einer für einen Menschen den Sie bewundern

Und der andere für einen Menschen den Sie verachten

Nun schreiben Sie um jeden Kreis das jeweilige passende Verhalten, Denken und Aussehen der Person.

Erst weiterlesen, wenn Sie damit fertig sind!

Nun streichen Sie bei allen drei Personen das Verhalten, Denken und Aussehen durch.

Was bleibt übrig?

Kann es sein, das es etwas gibt, das uns in unserem Wert als Mensch nicht unterscheidet, sonder nur im Verhalten, denken und aussehen?

Sind wir dann nicht alle Wertvoll?

Kann es sein, wenn du dein Verhalten, dein Denken und deinen Körper „ablegst" noch ein gewisser Teil von dir übrig bleibt?

KONFLIKTE

Wie entstehen Konflikte?

Immer wenn Sie bestimmte Vorstellungen, Wünsche, Bedürfnisse, Verhaltensweisen, Standpunkte usw. nicht miteinander vereinbaren können, kommt es zu einem Konflikt. Abhängig von den Erfahrungen, Werten und Wahrnehmungen haben Sie ihre eigene subjektive Wahrnehmung. Somit gibt es keine totale Wahrheit, sondern nur ein individuelles Konstrukt der Wirklichkeit.

Die Sprache ist eines der Kommunikationsmittel, bei dem es am meisten zu Missverständnissen kommt. Da sich jeder andere Gedanken darüber macht und Verbindungen dazu herstellt, was gesagt wird.

Genauso ist es auch wenn Sie etwas sagen, haben auch Sie Gedanken und Bilder im Kopf, wobei Sie vielleicht gar nicht alles aussprechen, was Sie sehen oder denken. Für Sie ist es selbstverständlich, dass Sie genau dieses Bild vor Augen haben. Ein anderer der ihnen zuhört, hat vielleicht ein ganz andres Bild vor Augen und wertet es dann auf seine ganz eigene Art und Weise.

Oft ist es schwierig, ihre Gefühle oder Bilder verbal ganz genau zu beschreiben, denn auch dort hat der Zuhörer seine ganz eigenen Vorstellungen. Alles was Sie nicht schwarz auf weiß vor sich haben kann zu Missverständnissen führen.

Aber auch wenn Sie ein Bild betrachten, kommen die unterschiedlichsten Interpretationen und Emotionen hervor, da jeder seine eigenen Erfahrungen und Verknüpfungen hat.

Akzeptiere die Meinung anderer, es muss ja nicht deine Wahrheit sein.

Hier ein paar Konfliktarten:

Rollenkonflikt: In unserem Leben haben wir Tag ein Tag aus unterschiedliche Rollen zu bewältigen wie z.B. Beruf, Mutter, Vater, Kind, Kunde, Verkehrsteilnehmer, Besucher, Gastgeber usw. Oft gibt es unterschiedliche Vorstellungen der Rollen, die dann zum Konflikt führen.

Zielkonflikt: Unterschiedliche Vorstellungen des Ziels oder der Zielerreichung können zu Unstimmigkeiten führen.

Wahrnehmungskonflikt: Nicht selten gibt es unterschiedliche Wahrnehmungen bzw. Meinungen beispielsweise bei einem Besuch eines Konzerts. Für den einen war es zu laut, für den anderen zu leise. Für den einen ging es viel zu schnell vorbei und für den anderen war es viel zu lange.

Wertekonflikt: Jeder hat eine andere Auffassung von Normen und Werten. Für den einen ist es sehr wichtig, für den anderen ist es unwichtig.

Interessenkonflikt: Bei der Planung für die Abschlussfahrt, ist es fast unmöglich, allen Interessen gerecht zu werden. Meist entscheidet dann die Mehrheit

Beziehungskonflikt: Je nachdem wie Sie aufgewachsen sind oder was ihnen wichtig ist, können Sie und ihr Partner verschiedene Vorstellungen einer Beziehung haben.

Informationskonflikt: Oft werden wichtige Details vergessen.

Sie hören zwar das was gesagt wird, Sie können es aber dennoch unterschiedlich auffassen.

Nehmen wir mal an, Sie fahren ein 10 Jahre altes Auto. Jemand sagt zu ihnen:

„Ich habe mir gerade ein neues Auto gekauft."

Sie könnten es wie folgt auffassen:

- Er hat sich ein neues Auto gekauft.
- Er hat ein besseres Auto als ich, er kann sich mehr leisten.
- Er verdient mehr Ruhm und Anerkennung, da er einen gewissen Status in der Gesellschaft hat.
- Ich muss mehr arbeiten, damit ich meinen Status in der Gesellschaft aufbessern kann.

Der Sachinhalt ist immer der gleiche, das Fakt ist (Er hat ein neues Auto). Das andere sind Beispiele dessen, was Sie darüber denken könnten, was er ihnen damit sagen möchte. Bei den anderen Ebenen des Zuhörens, können die Botschaften, die Sie erhalten ganz unterschiedlich ausfallen. Dabei kommt es darauf an, wie ihre ganz persönlichen Wahrnehmungen und Verknüpfungen sind.

Je nach dem auf welche Ebene Sie zugehört haben, denken Sie darüber nach und fühlen dem entsprechend.

Wenn Sie auf der sachlichen Ebene zugehört haben, dürfte ihr Gefühl neutral sein. Wenn Sie aber zwischen den Zeilen zugehört haben und hinein interpretieren, wird sich dieses auf ihre Gefühlslage auswirken. Hier kommt es nun wieder darauf an, wie Sie über was denken und was Sie daraus machen bzw. welche Gefühle Sie daraus mitnehmen möchten.

Gerade wegen dieser unterschiedlichen Aufnahme von etwas gesagtem, kann es immer wieder zu Missverständnissen kommen.

Auch das was Sie damit in Verbindung bringen, kann oft zu Konflikten führen. Allzu oft spinnen Sie etwas zusammen, was nachher gar nicht so von ihrem Gegenüber gemeint war. Sie fühlen sich angegriffen, gekränkt oder missverstanden.

Wenn Sie also unsicher sind, fragen Sie einfach nach und mutmaßen Sie nicht.

Kennen Sie den Satz: „Ich dachte aber, dass …“ Ohne klare, genau Aussage vermischen Sie das, was Sie hören, mit ihren Gedanken.

Ein Beispiel: Sie sollen für ein Fest 10 Packungen Brötchen einkaufen. Da Sie auch öfter Brötchen Packungen für sich holen, haben Sie ein Bild vor Augen, welche Sie besorgen können. Sie kaufen also nun die Brötchen ein, die Sie immer holen a 6 Stück pro Packung. Sie bringen sie den nächsten Tag mit und der Auftraggeber guckt ganz verdutz, da er von einer Packung a 8 Stück ausgegangen ist, die er wiederum immer holt.

Eine andere Art von Konflikten, sind die, die Sie mit sich selbst führen.

Das eine was Sie wollen, das andere was Sie tun.

Damit es nicht zu innerlichen Konflikten kommt, sollten Sie sich klar abgrenzen von dem, was Sie nicht möchten. Stehen Sie dazu. Es bringt Sie nicht weiter wenn Sie „ja“ sagen und „nein“ meinen. Das widerspricht sich und wenn es allzu oft vorkommt, werden Sie nach einer gewissen Zeit merken, wie es Sie innerlich „zerreißen“ kann oder es werden sich körperliche Symptome bemerkbar machen.

Hier sei wieder angemerkt, Tun und handeln, müssen mit den Gedanken und dem damit verbundenen Gefühlen übereinstimmen. Ist dieses nicht möglich, üben Sie sich in der Annahme.

Ändere was du ändern kannst. Nehme an, was du nicht ändern kannst.

Wie sagen Sie Nein?

Sagen Sie „nein", es ist ihr gutes Recht.

Bleiben Sie dabei sachlich und ruhig.

Lassen Sie sich keine Schuldgefühle einreden, weil Sie mal „nein" sagen.

Was kann ihnen schon passieren? Schlimmstenfalls bekommen Sie eine Ablehnung, denken Sie daran, dass Sie der Schöpfer ihrer Gedanken sind und Sie somit ihre Gefühle selbst bestimmen. Sie wissen, dass Sie es nie allen recht machen können.

Denken und spüren Sie, das Sie es ernst meinen, nur so merkt ihr Gegenüber, dass es ihnen ernst ist und Sie können der Diskussionen vorbeugen.

Wenn Sie dies nie zu vor so klar vertreten haben, wird sich ihr Umfeld erst mal Wunder. Aber auch die werden sich bald daran gewöhnen, das Sie sich durchsetzten und nicht mehr zu allem „ja und Amen" sagen.

So können Sie einem Konflikt vorbeugen

- Nehmen Sie ihren Kontrahenten wertschätzend an, akzeptieren Sie seine Meinung.
- Versuchen Sie sich in seine Lage zu versetzten.
- Bleiben Sie sachlich und ruhig, werden Sie nicht persönlich oder beleidigend.

- Schildern Sie ihre Sichtweise, was ist ihnen wichtig, worauf können Sie verzichten. Beginnen Sie den Satz mit: „Ich sehe das so… „ „Mir ist wichtig…“ Darauf kann ich verzichten…“
- Suchen Sie gemeinsam einen konstruktiven Kompromiss, der sich für beide Beteiligten gut anfühlt.

Viele Konflikte tragen sich über mehrere Jahre aus oder es wird Jahre lang nicht miteinander gesprochen. Auch solche Konflikte können einem Missverständnis vorhergehen. Jeder wartet darauf, dass der andere den ersten Schritt macht und so verstreichen wertvolle Jahre. Schade um die Zeit, die nicht genutzt wurden, ins besondere wenn es sich um Familienmitglieder handelt oder um wirklich gute Freunde.

Lebe so, dass du später nichts zu bereuen hast.

Was ist schon so schlimm daran, den ersten Schritt zu machen? Ist doch völlig egal wieso, weshalb, warum der Kontakt abgebrochen wurde. Schließlich ist jetzt Jetzt und Sie haben die Möglichkeit entweder weiter zu schmollen oder um Versöhnung zu beten. Wer hindert Sie daran dies zu tun? Es ist allein ihre Entscheidung.

Du kannst dir 10 Ausreden einfallen lassen, um es irgendwann einmal zu mache oder du machst es jetzt mit Mut und Entschlossenheit.

Oft braucht es nicht viele Worte das was war, ist vorbei. Seien Sie froh, die Vergangenheit hinter sich lassen zu können.

Schließlich geht es um die Gegenwart, *wie* Sie und mit *wem* Sie leben möchten. Jetzt zählt nur noch der Moment.

Tool

Stellen Sie sich die Situation vor, wenn Sie nach all den Jahren die Person wieder sehen, mit der Sie sich wieder versöhnen wollen.

Sehen Sie sich die Umgebung an, sind Sie drinnen oder draußen?

Ist es hell oder dunkel?

Wie ist das Wetter?

Wer ist mit dabei?

Vielleicht hören Sie etwas?

Schauen und hören Sie genau hin, solange, bis Sie merken: Genauso fühlt es sich an.

Verweilen Sie in diesem Gefühl.

Machen diese Übung ein paarmal bis Sie ganz sicher sind und die Entschlossenheit spüren.

Jetzt nehmen Sie noch den Mut hinzu und schon können Sie mit der Umsetzung beginnen. Falls ihnen der Mut noch fehlt, denken Sie an eine Zeit als Sie mutig waren und spüren sich dort hinein…

Dabei kommt es nicht darauf an, dass es genauso abläuft, wie in ihren Vorstellungen. Viel wichtiger ist, dass Sie die Entschlossenheit spüren, dieses umzusetzen. Und mit einem Gefühl der Versöhnung in die Situation zu gehen.

Vermeiden Sie dabei, über die alten „Kamellen" zu sprechen und zu klären wessen „Schuld" es war. Es zählt nur das Jetzt und nicht, dass was war.

Einen Konflikt, den Sie nicht mehr lösen können, weil diese Person beispielsweise schon verstorben ist, derzeit nicht auffindbar ist oder noch nicht so weit ist, um sich zu versöhnen, können Sie den Konflikt stellvertretend „lösen".

Tool

Hier ein paar Möglichkeiten zur stellvertretenden Versöhnung:

- Schreiben Sie das auf, was ihnen bei dieser Person in den Sinn kommt.
- Stellen Sie sich die Person vor und sagen Sie, was Sie ihr mitteilen möchten.
- Nehmen Sie ein Foto dieser Person oder einen Gegenstand und lassen Sie alles raus, was Sie ihr/ihm sagen möchten.

Dabei sollten Sie darauf achten, dass es zu Versöhnung führt und nicht in Schuldzuweisungen endet. Ihr Gefühl wird sich nur zum positiven wenden, wenn Sie vergeben. Wenn Sie das geschafft haben, werden Sie merken, wie etwas von ihnen abfällt und Erleichterung spüren. Sie haben nun ein „Problem" weniger.

BURN-OUT-PRÄVENTION

Auf Grund des immer stressiger werdenden Alltags, kann es schnell passieren, dass Sie plötzlich nur noch funktionieren. Der Übergang, wird kaum gemerkt und auf einmal stecken Sie mitten drin. Sie erledigen all das was erledigt werden muss, nur um alles umzusetzen, aber wer oder was ist am wichtigsten bzw. die Grundvoraussetzung, damit alles im Einklang geschehen kann?

Sie natürlich, allzu oft stellen Sie die Dinge über sich und vergessen dabei ganz, ihre Kräfte wieder aufzubauen.

Tool____

Überdenken Sie für sich, was in diesem Moment wirklich wichtig ist.

Teilen Sie ihren Arbeitsplan in

- dringlich,

- dem nächst,

- kann warten auf.

Machen Sie eine Liste von diesen Dingen und schreiben Sie ein ungefähres Datum dahinter bis wann es erledigt sein sollte. Bleiben Sie dabei realistisch und planen Sie Zeit für sich ein.

Wie lange dauert es? (Versuchen Sie in etwa einzuschätzen wie lange Sie für dieses Vorhaben brauchen. Planen Sie lieber etwas mehr Zeit mit ein, um nicht unter Zeitdruck zu geraten.)

Wann können Sie es umsetzen? (Welcher Wochentag, welche Tageszeit, wann sind Sie ungestört)

Je nachdem was Sie vorhaben, überlegen Sie, ob Sie dafür einen klaren Kopf benötigen. Dann ist es sinnvoll, sich vorher ein wenig auszuruhen oder etwas zu machen was ihnen Spaß macht.

Was benötigen Sie dafür?

Woher bekommen Sie diese Dinge die Sie dafür brauchen?

Wer kann Sie dabei unterstützten?

Haben Sie all das aufgeschrieben und gut überdacht, so können Sie beginnen und nach jeder Erledigung einen Haken machen. So sehen Sie wie das Ziel immer näher kommt. Falls ihnen das Abhaken nicht reicht, geben Sie sich eine Belohnung. Wenn Sie das erreicht haben dann …

Wenn Sie merken, dass Sie sich überschlagen oder unter Zeitdruck oder Stress geraten so überprüfen Sie noch mal genau und planen Sie Auszeiten mit ein. Schreiben Sie wann und für wie lange Sie eine Auszeit nehmen wollen und setzten Sie diese um. Es bring ihnen nichts alles so schnell wie möglich erledigen zu wollen, wenn ihre Kraft dabei schwindet und Sie sich keine Zeit zum auftanken nehmen. Durch eine ausgewogene Arbeitsaufteilung, beugen Sie auch Fehlern vor. Nur wer gut zu sich ist, kann auch ausgewogen Leben.

Kommt etwas Neues hinzu, so erweitern Sie die Liste. Das schafft einen klaren Überblick.

Genauso können Sie es mit all ihren Lebensbereichen machen. Teilen Sie sich ihre Zeit ein.

Überlegen Sie wie viel Zeit Sie für die jeweiligen Lebensbereiche investieren möchten. Und dann überlegen Sie, was dabei auf der Strecke bleibt? Wofür hätten Sie gerne mehr Zeit? Machen Sie auch hier einen Plan, wie viel Zeit Sie jeweils für was benötigen. Bleiben Sie dabei realistisch. Wenn Sie Arbeitnehmer sind geht nun mal ein großer Teil der Zeit an die Arbeit verloren. Aber auch hier können Sie überprüfen, was müssen Sie wirklich machen und was ist unnötig. Lassen Sie die Arbeit Arbeit sein wenn Sie Feierabend haben. Machen Sie sich lieber darüber Gedanken was Sie heute noch machen möchten. Schließlich gehen Sie morgen wieder los und können sich dann wieder vor Ort um ihre Arbeit kümmern.

Tool

Machen Sie sich eine Tabelle was ihnen im Folgenden wichtig ist (wo Sie jetzt stehen und wo Sie hin möchten).

Auch hierbei setzten Sie sich wieder Zeiten, wann Sie mit welchem Bereich beginnen möchten und wann Sie es ca. umgesetzt haben möchten.

Das womit Sie zufrieden sind kann natürlich bleiben. Manchmal ist es so, dass Sie für eine gewisse Zeit einen anderen Bereich etwas zurücksetzten müssen, um einen anderen Bereich umzusetzen. Zum Beispiel, wenn Sie eine Weiterbildung machen und jeden Abend dafür üben müssen. Somit fehlt ihnen für diesen Zeitraum das all abendlich Programm. Haben Sie die Weiterbildung abgeschlossen, können Sie ihre Abende wieder freier gestalten.

Wichtig, bleiben Sie realistisch und überprüfen Sie.

Hier ein paar Beispiele für ein ausgewogenes Leben

Arbeit:

Häuslich Organisation:

Familie:

Freunde:

Körper Gesundheit:

Hobby:

Zeit für sich:

Selbstverwirklichung (das was Sie schon immer mal machen wollten / was genau hindert Sie daran es zu tun?):

Spiritualität:

Tool____

Formulieren Sie ihre Ziele genau. Dann fragen Sie sich:

Ist das Ziel wirklich ihr Ziel oder ist es ihnen von jemanden auferlegt wurden?

Ist das Ziel aus ihrem Herzen oder ihrem Verstand entsprungen?

Was haben Sie davon, wenn Sie ihr Ziel erreicht haben?

Wie wird sich ihr Leben ändern, wenn Sie das Ziel erreicht haben?

Wer oder was muss für eine gewisse Zeit oder generell zurückstecken?

Wie wirkt sich ihr Ziel auf ihr Umfeld aus (Familie, Freunde, Arbeit, Ort, Zeit…)?

Welche Ressourcen haben Sie für ihr Ziel?

Welche Ressourcen benötigen Sie und wo bekommen Sie diese her?

Von wem brauchen Sie Unterstützung?

Wenn Sie ihr Ziel klar formuliert und überprüft haben, tragen Sie es in die Tabelle ein. Haben Sie ein großes Ziel vor Augen, so zerlegen Sie es in Teilschritte. Auch hier können Sie wieder abhaken, wenn Sie ihr Ziel erreicht haben. Wenn Sie mit ihrer Tabelle fertig sind, achten Sie nochmal darauf, wie es sich für Sie anfühlt, ob alles für Sie in Balance ist. Noch haben Sie die Möglichkeit hin und her zu schieben, bis es für Sie stimmig ist. Nehmen Sie sich Zeit dafür.

Um mit der Zielumsetzung zu beginnen, müssen Sie voll und ganz Entschlossen sein, um diese jetzt umzusetzen. Sie müssen 100 % dahinterstehen, um Veränderung zu bewirken.

Tool

Durch Mut und Entschlossenheit setzen Sie ihren Herzenswunsch um.

Gehen Sie ihr Ziel mental durch:

Wenn Sie ihr Ziel erreicht haben, wie sieht es dort aus? (schauen Sie sich ganz genau um.)

Wie fühlt es sich an? (was genau und wo im Körper fühlen Sie es.)

Vielleicht hören Sie etwas oder Sie sagen etwas?

Vielleich, riechen oder schmecken Sie sogar etwas?

Haben Sie früher schon einmal etwas ähnliches, wo Sie voll und ganz dahinter standen umgesetzt?

Wie haben Sie es geschafft?

Was haben Sie dafür gebraucht?

Wie fühlte es sich an, es Sie ihr Ziel erreicht haben?

Du kannst jetzt damit anfangen oder dir 10 Ausreden einfallen lassen, um irgendwann einmal damit zu beginnen.

Fangen Sie jetzt an, dem Burn-out vorzubeugen:

- Setzten Sie sich nicht unter Druck.

- Äußern Sie ihre Wünsche.

- Sagen Sie „Nein".

- Setzten Sie Prioritäten.

- Delegieren Sie Aufgaben, wenn es ihnen zu viel wird.

- Schalten Sie nach der Arbeit ab. (was macht ihnen Spaß / wo finden Sie ruhe)

- Nehmen Sie sich Zeit für sich.

Überlegen Sie mal:

Müssen Sie wirklich so viel arbeiten?

Dürfen sie sich nie einen Fehler erlauben?

Müssen Sie immer auf die Bedürfnisse anderer eingehen?

Möchten Sie ihre Wünsche immer zurück stellen?

Ist es von ihnen egoistisch, wenn Sie sich um ihr Wohlbefinden kümmern?

Wer entscheidet all diese Fragen?

Was ist ihnen im Leben wirklich wichtig?

Damit Sie sich selbst nicht ständig unter Zeitdruck setzen, planen Sie genug Zeit für ihre Aufgaben ein.

Oft sind es die kleinen unvorhergesehenen und unscheinbare Dinge, die ihnen die Zeit rauben.

Sie stehen morgens nach Plan auf und folgen ihrem täglichen ablauf. Gehen ins Bad und Frühstücken noch schnell. Während Sie beim Kaffee trinken sind erhalten Sie eine sms, die Sie nur mal schnell lesen und kurz darauf antworten, Sie gucken auf die Uhr und merken, dass Sie gar nicht mehr so viel Zeit haben. Nun fällt ihnen beim abräumen ein Glas runter. Damit keiner in die Scherben tritt, machen Sie es sofort weg. Dabei gehen 5 min verloren, ehe Sie nun ihre Jacke und die Schuhe angezogen haben und endlich im Auto sitzen, sind ebenfalls 5 min verstrichen. Und Sie fragen sich womöglich, wo die Zeit geblieben ist und schon beginnt der Stress, komme ich noch pünktlich zur Arbeit?

Nicht nur die Zeit kann Sie unter Stress setzen, wie z.B. wenn Sie zu viele Aufgaben annehmen und nicht „Nein“ sagen. Auch der psychische Stress ist nicht zu verachten. Schon das Denken an sich ist ein unheimlicher Energieräuber, wenn Sie sich zum Beispiel über etwas aufregen oder wenn Sie mit etwas beschäftigt sind aber mit ihren Gedanken ganz woanders sind.

Stressbewältigung:

- Machen Sie alles Schritt für Schritt, damit Sie nicht den Überblick verlieren.
- Nehmen Sie sich regelmäßig Zeit für sich.
- Wenn Sie merken, dass Sie gerade dabei sind sich aufzuregen, Atmen Sie tief durch. Und machen Sie sich bewusst, dass es ihre Energie ist die Sie verschwenden würden.
- Sehen Sie das positive in der Situation.
- Oder nehmen Sie die Situation so an wie sie ist.
- Suchen Sie sich Kraftquellen und nutzen Sie diese auch.
- Sprechen Sie über das, was Sie bedrückt oder schreiben Sie ihre Gedanken und Gefühle auf.
- Machen Sie nur das, wo Sie mit reinem Gewissen dahinter stehen.
- Halten Sie sich körperlich und gesundheitlich fit.
- Erledigen Sie die Dinge wenn möglich sofort, dann habe Sie später weniger zu tun und haben die Kopf frei, das spart Energie
- Leben Sie Präsent / in diesem Moment.
- Achten Sie auf ihr Gefühl
- Formulieren Sie ihre Sätze um: Ich muss-Ich entscheide mich für / Ich will-ich möchte. Allein die Umformulierung bringt schon ein anderes positiveres Gefühl mit sich.

- Akzeptieren Sie die Meinung anderer.
- Stellen Sie nicht zu hohe Forderungen an sich oder andere.
- Lassen Sie sich nicht auf unnötige Diskussionen ein.
- Legen Sie Schuldgefühle ab, es ändert nichts an der jetzigen Situation.
- Beobachten Sie die Natur und verweilen Sie in ihrer Stille.

Nehmen Sie eine dieser Aufzählungen, die ihnen wichtig erscheint und setzten Sie diese Bewusst um. Durch ständiges wiederholen, werden Sie es bald ganz automatisch in ihren Alltag umgesetzt haben. Wenn Sie das erreicht haben, nehmen Sie das nächste und immer so weiter Schritt für Schritt. Schon nach dem ersten Schritt, erfolgt eine Erleichterung und Sie werden merken, wie stressfrei das Leben sein kann. Durch Organisation und Annahme gewisser Situationen können Sie anfangen ganz bewusst in diesem Moment zu Leben.

PROBLEMBEWÄLTIGUNG

Nicht die Situation ist das Problem, sondern das, was Sie daraus machen. Es ist ganz allein ihre Entscheidung, welchen Weg Sie gehen und aus welchem Blickwinkel Sie die Situation betrachten.

Probleme entstehen nur in ihrem Kopf. Es kommt darauf, wie Sie das Problem bewerten, aus welchem Blickwinkel Sie es betrachten und in welchem Verhältnis Sie es sehen.

Es kommt darauf an, ob Sie dieses Hindernis überspringen, drum herum gehen, es aufheben und daraus lernen, es umwandeln oder davor stehen bleiben.

Sie allein haben es in der Hand und entscheiden, was Sie daraus machen wollen. Auch hierbei hat jeder seine eigene Wahrnehmung des Problems. Was für den einen eine Kleinigkeit ist, kann für den anderen schon ganz anders aussehen. Probleme sind Hindernisse, die Sie durch Kreativität bewältigen können. Sie können das Problem auch als Rätsel sehen, das Sie lösen möchten.

Auch Veränderungen die das Leben mit sich bringen, können als Problem gesehen werden. Dabei sind Sie ständig Veränderungen ausgesetzt, je nachdem wie Sie sich entscheiden. Auch der erste Kindergartentag, der Wechsel in Schule und dann später in das Berufsleben bringt immer wieder neue Situationen hervor, mit denen Sie umgehen müssen.

Später können dann verschiedene Erlebnisse hinzu kommen, wie z.B. Scheidung, Verlust der Arbeit, Unfall mit körperlichen Schäden, schwere Krankheit, Verlust eines geliebten Menschen.

Solche Extremfälle können Krisen auslösen. Krisen wiederum haben eine ungeheuerliche Schöpfungskraft, wenn Sie sie zu nutzten wissen.

Nach jedem Ende kommt ein Anfang.

Manchmal braucht es seine Zeit um eine Lösung zu finden. Bei Schicksalsschlägen braucht es eine gewisse Zeit der Trauer, um die Situation, die Sie nicht ändern können, so an zu nehmen wie sie ist. Oft spielen auch Verwirrung oder Verzweiflung eine Rolle, auch das muss zunächst einmal ausgehalten werden.

Sobald du die Situation annehmen kannst, kannst du dein Leben neu ordnen.

Tool____

Was genau ist ihr Problem:

Wann tritt das Problem auf?

Wie genau macht sich das Problem bemerkbar?

Können Sie ein Gefühl im Körper wahrnehmen?

Was sind ihre Gedanken?

Welches Bild haben Sie vor Augen, wenn Sie daran denken?

Was hören Sie innerlich, ist dort eine „Stimme“ die ihnen etwas sagt?

Vielleicht riechen oder schmecken Sie etwas?

Welche Erinnerungen kommen bei ihnen hoch?

Wann haben Sie das Problem das erste Mal bewusst wahrgenommen?

Aus welchen Lebensphasen kennen Sie dieses Problem?

Was meinen Sie, warum Sie das Problem haben?

Was denken Freunde und Bekannte, warum Sie dieses Problem haben?

Was wird durch das Problem erschwert?

Was wird dadurch sogar verhindert?

Was wir durch das Problem möglich? (Angenommen Sie haben ständig Bauchschmerzen, wenn Sie an die Arbeit denken, nun sind Sie Krank, dies ermöglicht ihnen zu Hause zu bleiben. Somit müssen Sie sich nicht mit den nervigen Kollegen abgeben, die sowie so nichts von ihnen halten.)

Woher wissen Sie, dass das Problem jetzt auftauchen wird?

Wie sieht ihre Umgebung aus (Ort, Personen, Zeit...)?

Welches Bild haben Sie vor ihrem inneren Auge?

Wer sagt etwas und was sagt er?

Was sagt ihre innere „Stimme“?

Was genau fühlen Sie? Wo genau macht es sich an ihrem oder in ihrem Körper bemerkbar?

Was riechen Sie? Haben Sie einen bestimmten Geruch in der Nase? An welchen Geruch erinnert Sie das? Wann haben Sie das gerochen?

Was schmecken Sie? Haben Sie einen bestimmten Geschmack auf der Zunge? An was erinnert Sie das? Wann haben Sie das geschmeckt?

Angenommen das Problem würde „wie von Zauberhand" verschwinden?

Was würden Sie dann als ersten machen?

Wofür wäre das gut, was Sie dann tun würden?

Nicht das Problem hat dich in der Hand, sondern du hast das Problem in der Hand.

Da Sie ständig Entscheidungen treffen müssen, ist es natürlich unumgänglich manche Entscheidungen die Sie in der Vergangenheit getroffen haben und die damit verbundenen Auswirkungen, ungeschehen zu machen. Aber Sie haben es in der Hand, was Sie daraus machen, welchen Weg Sie nun (genau jetzt) gehen wollen.

Durch Kreativität und positiven Erfahrungen können Sie ihr Problem lösen. Überlegen Sie doch mal ob Sie schon mal eine ähnliche Situation hatten, in der Sie es geschafft haben, das Problem zu lösen. Oder kennen Sie jemanden, der so ein ähnliches Hindernis hatte, wie hat er es geschafft?

Je nachdem wie sehr Sie in diesem Thema involviert sind, kann es schnell passieren, dass Sie den Überblick verlieren und nur noch durch den Tunnelblick schauen können. Das heißt, Sie sehen nur das Problem und die damit negativ verbundenden Dinge. Es fällt ihnen schwer, andere Sichtweisen zu finden oder zu akzeptieren.

Tool____

Alles hat seine positiven Seiten, sowie negativen Seiten. Was könnte die positive Seite ihres Problems sein?

Angenommen, Sie mussten ihr Kind los lassen, da es nun alt genug ist und ausgezogen ist. Auch wenn ihnen das noch schwer fallen mag. Was für Möglichkeiten bieten sich ihnen jetzt mit der gewonnenen Zeit und dem Raum, der nun frei ist?

Schreiben Sie auf, was ihnen nun alles möglich ist.

____

Tool____

Angenommen ihre Freundin oder ihr Freund hätte dieses Problem, was würden Sie ihr/ihm raten?

____

Tool____

Betrachten Sie die Situation doch ein Mal aus einer andren Perspektive. Malen Sie die Situation auf und schauen Sie von oben darauf und Fragen Sie sich:

Wer steht wie mit wen im Verhältnis zueinander?

Was wird ihnen jetzt klar, was Sie vorher nicht gesehen bzw. bewusst wahrgenommen haben?

Was für Möglichkeiten bieten sich, wenn Sie Veränderungen einbringen?

Probieren Sie solange, bis Sie die für sich passende Lösung gefunden haben?

Achten Sie dabei darauf, dass der Weg den Sie für sich gefunden haben, ins Umfeld passt und realistisch ist.

Tool____

Machen Sie ein Brain storming. Schreiben Sie alles auf was ihnen in den Sinn kommt, auch wenn es ihnen noch so verrückt erscheinen mag. Sie schreiben alles erst ein Mal auf.

Machen Sie eine Pause / lenken Sie sich ab und schauen dann später noch mal drauf. Vermutlich haben Sie jetzt bei dem einen oder anderen Stichpunkt eine andere Assoziation als Sie zuvor hatten.

Lesen Sie alles bewusst und nach einander durch. Vielleicht bringt ihnen das ein oder andere Stichwort früher oder später auf eine Idee. Die meisten Ideen kommen wenn der Kopf wirklich frei ist, wenn Sie also nicht angestrengt darüber nachdenken.

Nun liegt es an ihnen, die für Sie passende Lösung zu finden und umzusetzen. Wenn Sie auch nach gewisser Zeit keine Lösung gefunden haben, lassen Sie Bekannte, Freunde, Arbeitskollegen… ein Brain storming machen. Dann schauen Sie was am besten zu ihnen passt.

Tool

Formulieren Sie ihr Ziel kurz und konkret

- Was genau möchten Sie erreichen?
- Woran genau erkennen Sie, dass Sie ihr Ziel erreicht haben?
- Ist das Ziel realistisch?
- Ist das Ziel wirklich ihr Ziel oder möchten Sie jemanden damit beeindrucken?
- Bis wann möchten Sie ihr Ziel erreicht haben?

KRISE

Manchmal, wenn Sie mit einer neuen Situation gar nicht zurechtkommen, kann es passieren, dass Sie sich in einer Krise wiederfinden und nur noch durch den Tunnelblick dieses eine Problem sehen. Obwohl es doch noch andere Abzweigungen dieses Weges gibt. Stecken Sie allzu sehr in einer Krise drinnen und können nicht mehr Selbstwirksam handeln und haben keine Hoffnung und keinen Glauben mehr, so können Sie noch mal über ihre alten Probleme und ihre Lebensgeschichte nachdenken.

Hierin, liegt die Chance, ihr Leben neu zu Ordnen und neue Entscheidungen zu treffen.

Bewahren Sie dabei die Balance zwischen Innenwelt und Außenwelt.

Öffnen Sie die Augen und überlegen Sie, neue Lebensziele.

In manchen Fällen wie z.B. bei einem Schicksalsschlag, kann nicht sofort eine Lösung gefunden werden. Die neue Situation muss erst angenommen werden, bevor Sie den Weg für eine neue Zukunft frei machen können.

Manchmal ist es auch notwendig, ein neues Selbstbild zu schaffen. Wenn Sie z.B. Jahre lang im Berufsleben tätig waren und nun in Rente sind, sind Sie nicht mehr der Arbeitnehmer sondern der Rentner. Sie müssen wissen, was Sie nun wollen und wo Sie stehen.

Oft werden neue Situationen mit Angst Verbunden, da Sie nicht unbedingt voraussehen können, wie sich das ganze entwickelt. Sprechen Sie über ihre Ängste und nehmen sie diese an. Je mehr Sie die Angst annehmen, desto weniger wird Sie werden. Das Annehmen muss aus tiefstem Herzen und voller Entschlossenheit geschehen, das bloße einreden „Ich nehme die Angst an“, hilft nicht, wenn Sie es nicht auch spüren.

Nimm deine Herausforderung (Problem)an, dann findest du eine Lösung.

SPIRITUALITÄT

Spiritualität ist das nicht greifbare, Sie können es spüren aber nicht sehen. Wie bei der Religion. Es ist ein Glaube, den Sie vom Gefühl her als echt oder wahr bezeichnen. Spiritualität kann Orientierung und Halt bieten, wenn Sie das erst einmal verstanden haben, können Sie ihr denken und ihr handeln in einem ganz anderen Licht von Wirklichkeit betrachten.

Was bewegt dich, wenn du über den tiefen Sinn des Lebens nachdenkst?

Haben Sie schon einmal darüber nachgedacht, wer Sie im tiefsten inneren sind? Wenn Sie das fühlen können, ist dies der Schlüssel zur Selbsterkenntnis, wer Sie wirklich sind. Dies ist das Tor zum LEBEN.

Auch heute noch versuchen die Menschen, Bilder, Symbole oder Metaphern für ihre tiefsten Gefühle zu finden. Dieses rätselhafte Gefühl der Natur/ des Universums übersteigt das menschliche Denken, es ist kognitiv nicht greifbar und kaum in Worte zu fassen. Doch auch ohne Beweise, spüren wir die Kräfte in uns, von denen wir unsere Werte und Identität ableiten.

Auch das Gespür für eine Sehnsucht, ein wahrnehmen von Aufbruch und tieferer Sinnsuche, ist ein „aktivieren durch das Göttliche selbst, das jeder von uns in sich hat.“ Wenn Sie diese Sehnsucht begreifen möchten, fangen Sie an im Augenblick zu leben und diesen Moment bewusst wahrzunehmen.

Wenn Sie nicht an Gott glauben, so nennen Sie „das Göttliche das in ihnen steckt“ Sein. Es sind nur Worte um uns zu verständigen, letztendlich ist es sowieso das gleiche, suchen Sie sich das Wort aus, welches am besten zu ihrer Überzeugung passt: Sein oder Gott oder was auch immer, Sie für richtig halten.

Woran du dein Herz hängst, worauf du dich verlässt und woran du glaubst, das ist dein Gott.

Wenn Sie die Spiritualität, also das nicht greifbare für sich verstanden haben und fühlen, dann werden Sie ihren Weg im Leben gefunden haben. Sie werden stressfrei und zufrieden sein. Sie werden die Einheit allen Lebens spüren können, sich frei fühlen und das Urvertrauen in das Leben zurückerhalten.

Physikalisch gesehen ist alles mit allem durch Energie Verbunden. Sonst würden wir nicht hier sein und nicht agieren können. Darüber hinaus, ist die Energie auch im Universum wieder zu finden. Somit sind wir nicht vom Universum getrennt, es ist ein großes Ganzes.

Spüren Sie manchmal eine gewisse Atmosphäre wenn Sie einen Raum betreten, ohne dabei etwas zu hören oder großartig zu sehen?

Das was Sie dort fühlen, ist ihre eigene spirituelle Kraft.

Mit dem Wissen, das alles mit allem Verbunden ist, hat unser tun und handeln ihre Auswirkungen im System, das fängt schon damit an, wenn Sie nicht ihre Eltern gehabt hätten, dort aufgewachsen sind, diese und jene Menschen kennen gelernt haben, auf diesem oder jenem Fest waren, hier oder dort Urlaub gemacht hätten, Sie jetzt einkaufen fahren oder später.

Was wäre wenn?

Nicht nur Sie treffen jeden Tag Entscheidungen und gehen ihren Weg, Sie ziehen eine Reihe von Ereignissen mit sich. Was wäre wenn? Es gibt so viele Möglichkeiten, wie ihr Leben hätte laufen können und verläuft. Aber machen Sie sich darüber nicht zu viele Gedanken. Machen Sie das Beste aus der Situation. Schließlich bringt es ihnen nichts, wenn Sie sich über die Vergangenheit ärgern, ändern können Sie sie nicht aber wie gesagt, Sie können ihr Leben jetzt immer wieder neu gestalten.

Wer genau trifft letztendlich deine Entscheidungen?

Woher kommen deine Entscheidungen, aus dem Herzen oder aus dem Verstand?

Es ist wie es ist, nimm es an oder ändere es.

SELBSTERKENNTNIS

Viele Entscheidungen treffen Sie zu kopflastig, Sie werden dann nicht mit dem Gefühl übereinstimmen können. Wenn dieses zu oft geschieht, werden Sie bald merken, dass Sie aus der Balance geraten, Sie führen innerlich einen kleinen Kampf zwischen Verstand und Gefühl. Überlegen Sie mal, was Sie für ein Gefühl hatten, als Sie aus dem Herzen entschieden haben und was Sie für ein Gefühl hatten, als Sie aus der Vernunft heraus entschieden haben?

Heut zu Tage wird viel zu viel kognitiv entschieden. Kein Wunder, das Sie nicht glücklich sind, wenn Sie nicht ihrem Herzen folgen. Dabei kommt es auch allzu oft zu Krankheiten, bei denen der Arzt nichts feststellen kann, da die Symptome psychisch bedingt sind. Irgendwo muss der Druck, der innerlich entsteht (da das gelebte nicht mit dem Gefühl im Einklang ist) raus. Das einfachste Beispiel sind Schulter- und Rückenschmerzen: Tragen Sie zu viele Aufgaben mit sich herum? Können Sie nicht immer „Nein" sagen, wenn ihnen danach ist? Irgendwo muss diese Energie raus, wenn Sie sie unterdrücken.

Folgern Sie ihrem Herzen, nicht dem, was andere über Sie sagen oder meinen „das wäre das Richtige für Sie". Wenn Sie dem Rat anderer folgen, nur um deren Anerkennung zu bekommen werden Sie merken, dass ihnen im Leben etwas fehlt und Sie werden unzufrieden sein. Da bringen ihnen all die Bewunderungen ihrer Mitmenschen nichts. Angenommen ihre Eltern möchten, dass Sie eine Lehre als Bankkaufmann machen, Sie haben daran aber nicht einen Funken Spaß, Sie machen es nur, weil ihre Eltern der Meinung sind, dass dies ein krisensicher Job sein. Sie selbst gehen im Theater richtig auf und möchten eine Ausbildung zum Schauspieler machen.

Tool____

Stellen Sie sich einen Beruf vor, von denen viele behaupten, dass er krisensicher sei. Den Sie persönlich aber nicht auswählen würden. (Vernunft)

Fühlen Sie sich in diesen Beruf rein, stellen Sie sich vor welche Aufgaben Sie dort hätten und spüren Sie dem nach.

Nun stellen Sie sich einen Beruf vor, den Sie aus dem Herzen heraus ausüben möchten. (Herz)

Fühlen Sie sich in diesen Beruf rein, stellen Sie sich vor, welche Aufgaben Sie dort hätten und spüren Sie dem nach.

Jetzt stellen Sie sich vor, das der „Vernunft" Beruf tatsächlich ein sicherer und gut bezahlter Job ist. Der „Herz" Beruf hingegen ist etwas unsicher, Sie wissen nicht genau, ob Sie tatsächlich so viel verdienen werden und immer in Arbeit sein werden.

Spüren Sie wieder in sich hinein und vergleichen das „Alltagsgefühl" in den jeweiligen Berufen.

Wenn Sie frei wählen könnten, für welchen Beruf würden Sie sich entscheiden?

Wer oder Was hindert Sie daran, dies zu tun?

Wenn nötig, finden Sie einen Weg beides unterzubringen, lassen Sie keinen falls ihren Herzenswunsch, weswegen Sie auf die Erde gekommen sind außeracht.

Hören Sie dabei auf ihren Körper, ihr Körper und ihre Gefühle wissen mehr über Sie als Sie ahnen. Damit Sie den Sinn in ihrem Leben finden, müssen Sie sich von dem, was andere Menschen über Sie denken lösen. Schauen Sie in sich selbst hinein, was ist ihnen am wichtigsten? Und das gilt es zu verwirklichen.

Tool____

Suchen Sie sich einen Platz, an dem Sie gut Entspannen können, wo Sie sich wohlfühlen und Ruhe finden.

Lauschen Sie der Stille, lassen Sie alle Gedanken die kommen einfach weiter ziehen.

Versuchen Sie die Stille zu hören und den Lärm des Denkens abzustellen, sodass ihr Kopf vollkommen frei ist.

Dieses Tool bedarf einiger Übung, probieren Sie es immer wieder aus, bis Sie den Kopf wirklich frei haben und der Kopf frei von allem Denken ist. Manche Menschen finden sich selbst durch Gebete, Meditation oder in der Natur. Die Erkenntnis wird in einem Moment der Stille Auftreten, in einem Moment, wenn Sie gar nicht damit rechnen.

Finde deine LebensaufGABE wozu du auf die Welt gekommen bist heraus. Dabei folge deinem Herzen. Alle Ressourcen, die du für deine AufGABE benötigst stecken bereits in dir.

Was wollten Sie schon immer mal machen?

Was hat ihnen schon immer Spaß gemacht?

Wobei, sind Sie so richtig Eins mit der Sache und vergessen die Zeit?

Seien Sie dabei ganz Sie selbst. Unabhängig von dem was andere oder die Gesellschaft über Sie denken. Wenn Sie meinen, ihre Aufgabe gefunden zu haben, überprüfen Sie nochmals ihr Gefühl ob es tatsächlich für Sie stimmig ist. Dann schaffen Sie sich eine authentische Vision ihrer Zukunft, die ihnen persönlich entspricht und setzen diese mit Mut und Entschlossenheit um.

Machen Sie sich zu viele Gedanken, was andere über Sie denken?

Müssen Sie Materiell mit halten?

Was für ein Gefühl haben Sie dabei?

Sind Sie Sie selbst, wenn Sie ein Sportwagen vor der Tür stehen haben, obwohl sie doch lieber ein Familienauto hätten?

Sie belügen sich doch selbst, nur um anderen zu gefallen und zu imponieren. Das ist doch nicht das, was Sie wirklich wollen oder wonach Sie suchen, in Wirklichkeit suchen sie sich selbst, ihre wahre Natur. Wenn Sie sich gefunden haben, und wissen wer Sie ohne die äußeren Fassaden wie: Materielles, Körper, Verhalten und Denken sind, dann können Sie zu sich stehen und sind authentisch. Sie werden ihr Leben mit Leichtigkeit führen.

Tool

Schreiben Sie sich die wichtigsten Rollen, die Sie zurzeit haben auf.

Mindestens 5 wie z.B. Mutter, Job, Freundin, Kind, Nachbar, Kursleiter, Herrchen…

sortieren Sie die Rollen von „nicht so wichtig" bis „am Wichtigsten,

fangen Sie mit der für Sie „nicht so wichtigen" Rolle an.

Versetzten Sie sich in die Lage, wenn Sie diese Rolle nicht mehr hätten, wer wären Sie dann noch? Dann kommt die nächste Rolle usw. Wenn Sie an der letzten Rolle angelangt sind, ist da noch etwas in ihnen, das sagt „ich bin" obwohl Sie doch alle Rollen abgelegt haben?

Was könnte es sein?

Gibt es noch etwas, das Sie auch ohne all die Rollen sind?

Ist es das einfache BewusstSEIN, das in ihnen steckt und immer da sein wird?

Was genau ist das Bewusstsein?

Das Bewusstsein selbst wurde nie geborgen und stirbt nie es war schon immer da, auch wenn Sie es mit dem menschlichen Verstand nicht verstehen können, so können Sie es doch tief in sich spüren.

Bewusstsein ist, seiner selbst bewusst zu werden.

Das Bewusstsein ist immer gleich (alt). Sie als natürliches Wesen des Sein, können keine Schmerzen empfinden oder altern. Ihr Körper wird älter und zerfällt irgendwann aber nicht Sie als reines Bewusstsein. Sie als reines Bewusstsein stecken für eine kurze Zeit in diesem menschlichen Körper. Das heißt nicht, dass ihnen jetzt alles egal sein kann, Sie sollten ihren Körper und ihre Gesundheit pflegen, damit Sie mit sich und ihrem Körper in Einklang leben.

Das Bewusstsein ist so lange in ihnen, solange Sie Mensch sind. Das heißt also, wenn Sie einmal „Bewusstlos" sind oder unter Narkose sind, ist ihr Bewusstsein immer noch in ihnen. Es sei denn ihr Körper ist für einen Momentlang klinisch Tod, dann kann ihr Bewusstsein für kurze Zeit ihren Körper verlassen und sich an andere Orte begeben. Dazu später mehr, wenn Sie das Kapitel Tod erreicht haben.

Das Bewusstsein, deiner selbst können, Sie im Hier und Jetzt spüren. Seien Sie Präsenz und legen alle Aufmerksamkeit auf das was Sie gerade tun. Wenn Sie z.B. lesen nehmen Sie die Worte genau wahr, wenn Sie dabei etwas spüren, so ist es ihr Bewusstsein ihre Spiritualität, das göttliche in ihnen. (Bei dem Wort Gott, gibt es wahrscheinlich verschiedene Interpretationen. Je nachdem wie Sie aufgewachsen sind bzw. wie ihnen die Religion oder Gott vermittelt wurde. Ob als Allmächtiger der alles bestimmt oder als einen Teil der Einheit, so dass in jedem von uns etwas Göttliches ist. Es ist wie gesagt nur ein Wort, Sie können ihren „Gott" auch „Licht" nennen oder was auch immer ihnen stimmig erscheint.)

Spirituelle Erkenntnis ist die Einsicht, dass alles was Sie wahrnehmen, denken und fühlen nicht Sie als Mensch (die Form) sind. Das Ego ist nur eine Illusion, Sie denken, dass ihr Verhalten, ihre Eigenschaften und ihr Charakter Sie ausmachen. Diese sind aber nur ihre äußerlichen Erscheinungsbilder einer Form. Wenn Sie diese Form ablegen, kommen Sie zum BewusstSEIN.

Wenn Sie dieses Sein spüren, bekommen alle Geschehnisse in ihrem Leben eine neue Bedeutung. Sie werden die Situation zu würdigen wissen und dabei den Ernst und die Schwere verlieren.

Los lassen.

Das was du annehmen kannst, kannst du los lassen.

Sie selbst sind die Ursache für ihre Emotionen. Sie nehmen durch die Sinneswahrnehmungen und den Identifikationen mit dem Ego ihre Umgebung wahr. Sie denken, ihr Charakter, ihr Verhalten usw. das sind Sie. Und sobald Sie meinen diesbezüglich angegriffen zu werden, bekommene Sie negative Emotionen.

Doch wenn Sie das alles doch nicht sind, warum sollte Sie das kränken?

Es ist das Ego, das ihnen sagt, dass Sie das sind. Das „Ego" (Ich/mein Verhalten…) und das Wort „Mein", erzeugen negative Emotionen wie z.B. Arroganz und Aggressivität. Sie halten sich durch ihr Verhalten oder ihr Aussehen für etwas Besseres? Das zeugt von Arroganz. Geht ihnen einer an ihre Besitztümer ohne zu fragen, so können sich ihre Emotion durch Aggressives Verhalten oder Aggressives denken äußern. Dieses wiederum wirkt sich auf der ganzen Welt aus bis hin zum Krieg, der durch Gier von Besitztümern entstehen kann. Oder durch Arroganz, weil sich eine Rasse für etwas Besseres hält, müssen bestimmte Menschen ausgerottet werden.

Wenn Sie also nun das Ego und die Materiellen Ding, die Sie ihr eigen nennen los lassen, so lassen Sie auch die damit immer wieder kehrenden negativen Emotion los. Identifizieren Sie sich nicht mit ihrem Ego oder ihren Besitztümern. Das sind nicht Sie als natürliches Wesen. Wenn Sie begriffen haben, wer Sie tatsächlich sind, können Sie die Leere/ den inneren Raum der zu ihrem Selbst führt finden.

Tool____

Denken Sie einmal darüber nach, alles was Sie an Gegenständen besitzen, gehört gar nicht ihnen. Es ist einfach nur so da.

Es ist wie es ist.

Es ist nicht *ihr* Auto es ist einfach nur *ein* Auto. (somit wäre ihr Auto jederzeit ersetzbar und ihre Emotionen wären nicht so negativ, wenn einer „ihr“ Auto anfasst.)

Merken Sie den Unterschied von *meinem* Auto und *einem* Auto?

Lass los

Das heißt nicht, dass Sie alles verschenken sollen, Sie sollen sich nur nicht damit identifizieren. Das bringt ihnen ein gewisse Freiheit und weniger negativ Emotionen. Betrachten Sie den Besitz einfach anders, lockerer und nicht so ernst.

Wenn Sie das durch mehrfaches Üben bzw. Überdenken begriffen haben, können Sie den leeren Raum in dem es keine Identifikationen und somit kein Leid gibt betreten. In dieser Leere können Sie die Einheit spüren.

Tool____

Setzten Sie sich Aufrecht hin, die Beine parallel auf den Boden und die Arme locker auf die Oberschenkel

Schließen Sie die Augen

Atmen Sie 3-mal tief ein und aus, konzentrieren Sie sich dabei wie sich ihr Brustkorb hebt und senkt, wie die Luft ein und Ausströmt.

Dann versuchen Sie, ihre Hände zu spüren, ohne Sie dabei zu sehen, dann die Füße, die Beine, bis sie sich auf ihren ganzen Körper konzentrieren.

Sie werden in den einen oder anderem Körperteil ein verstärktes kribbeln fühlen, die Energie die überall und in ihnen ist.

Der Kopf ist gedankenlos, da Sie sich voll und ganz nach innen Konzentrieren.

Können Sie die Leere in ihrem Kopf wahrnehmen?

Wenn Sie sich nun auf die Leere konzentriert, welche Bilder und Gefühle erscheinen ihnen dann?

Nun sind Sie im gegenwärtigen Augenblick, dem Jetzt und im Sein.

Die größte Täuschung in unserem Leben ist womöglich, zu glauben, dass wir von allem äußeren getrennt sind. Wenn Sie für sich erkannt haben, dass alles mit allem (ohne Wertung) Verbunden ist, dann werden Sie wissen, dass Sie beim Sterben in etwas Fundamentales wo Sie herkamen zurückkehren. Sie, wie jeder andere auch sind jeweils ein Teil von etwas großem Ganzen.

Wünsche los lassen:

Wenn Sie einen (realistischen) Wunsch haben, müssen Sie ihn aus tiefstem Herzen loslassen. Sie müssen davon kognitiv wie auch vom Gefühl her 100% davon überzeugt sein, das sich dieser Wunsch nicht erfüllen wird.

Nach einer gewissen Zeit wenn Sie es nicht Vermuten, wird er sich erfüllen.

Allerdings, können Sie sich dabei nicht selbst blenden, Sie müssen wirklich aus tiefsten Herzen zu 100% los lassen.

Überlegen Sie mal, vieleicht hatten Sie schon mal einen Wunsch zu 100% aufgegeben, ihnen war klar, das sich dieser Wunsch nie erfüllen wird. Und plötzlich wurde ihr Traum wahr.

BEWUSSTSEIN

Können Sie das „ich bin“ im Leben spüren?

Können Sie das „ich bin“ in diesem Augenblick spüren?

Können Sie ihre wahre Identität als reines Bewusstsein spüren?

Verlieren Sie sich nicht in dem was geschieht oder im Denken dieser Welt. Fangen Sie an, los zu lassen und identifizieren Sie sich nicht mit irgendwelchen Dingen. Sie sind nicht ein anderer, nur weil Sie eine Villa haben. Je mehr Sie entbehren können desto reicher werden Sie. Sie müssen jetzt nicht alles weg schmeißen aber Sie können ein Gespür dafür bekommen, wie es ist, wenn Sie es nicht hätten. Ob Sie dann auch noch so zufrieden sind. Schließlich ist das Glück nur in ihnen selbst zu finden und nicht in irgendwelchen Besitztümern.

Wenn Sie anfangen los zu lassen, bzw. wenn Sie ihre Gedanken, ihr Verhalten und ihren Körper „ablegen“ und zum Bewusstsein gelangen, kann es ihnen für eine Zeit lang so vorkommen, als ob ihnen der Boden unter den Füßen weggerissen wird und Sie hilflos umher irren.

Sie fragen sich dann vieleicht, wer Sie dann noch sind ohne die ganzen Formen und Identifikationen. Sie sind das Bewusstsein das schon immer da war.

Nach dem Moment der Verwirrung folgen dann eine gewisse Vertrautheit, eine Einheit und ein Gefühl der Freiheit. Sie können vieles viel besser überblicken, weil Sie nicht in ihren Gedanken und Formen verhaftet sind. In der Spiritualität gibt es nur die Einheit. Während der Mensch im dualem denke „entweder oder“ „gut oder schlecht“

Heißt es „Ich bin dies“?

Heißt es „Ich bin das“?

Oder heißt es „Ich bin“?

Gibt es ein Ich bin?

Gibt es ein Sein?

Oder gibt es ein All Eins sein?

Viele Menschen identifizieren sich mit irgendwelchen Dingen. Wenn Sie das und das haben, dann sind Sie jemand, dann haben Sie es geschafft.

Für einen Momentlang, mögen Sie glücklich darüber sein. Bald werden Sie mehr und mehr haben wollen und immer unzufriedener werden, weil Sie alles jetzt und sofort haben wollen. Weil in all den Dingen die Sie kaufen nicht das wahre Glück zu finden ist, werden Sie immer gieriger. Irgendwo muss das Glück doch versteckt sein.

Was bringt es sich mit materiellen Reichtum zu überhäufen, wenn Sie keinen wahren Freund an ihrer Seite haben, wer steht ihnen dann im schlimmsten Fall zur Seite? Ihre Besitztümer? Wenn Sie etwas kaufen möchte, überlegen Sie genau, ob Sie es tatsächlich brauchen. Oder ob es nur ein Ersatz ist, weil ihnen etwas anderes im Leben fehlt. Denken Sie mal darüber nach. Was fehlt ihnen wirklich? Was genau möchten Sie wirklich?

Fangen Sie an die Dinge los zu lassen, Sie werden merken, wie befreiend es ist. Anfangs kann ihnen das vielleicht etwas Angst machen, da Sie sich daran nicht mehr festhalten können oder für Sie fühlt es sich so an, als ob Sie ein Teil von sich weggeben würden. Das ist Anfangs ganz normal, es ist ein Prozess, den Sie erst mal verstehen müssen, das geht nicht von heute auf morgen. Aber es lohnt sich dabei zu bleiben um sich zu finden bzw. sein wahres „Ich“ „Sein“ zu entdecken. Oft wird auch eine innere „Stimme“ zu ihnen Sprechen das so genannte „Ego“ das alles besitzen möchte, um der erfolgreichste Mensch auf Erden zu sein. Seien Sie achtsam und fallen sie nicht darauf rein.

Wo auch immer Sie nach suchen, Sie werden es nicht in Dingen finden.

Das wahre Glück, können Sie nur in sich finden, um dieses zu finden brauchen Sie nicht den neusten Fernseher oder die teuersten Reisen, die versprechen nur ein zeitlich begrenztes Glück. Natürlich dürfen Sie sich auch weiterhin all das leisten aber sie werden darin nicht die Erfüllung finden. Wenn Sie das und das haben dann sind Sie glücklich oder wenn Sie das und das erreicht haben, dann sind Sie glücklich.

Wollen Sie wirklich bis dahin betrübt sein?

Was bringt es, alles auf die Zukunft zu verschieben, leben Sie jetzt.

Es gibt nur dieses eine Jetzt.

Alles andere sind Erinnerungen aus der Vergangenheit und Zukunftsfantasien.

JETZT

Das Leben ist immer jetzt es immer der gegenwärtige Augenblick. Vergeuden Sie ihre Zeit also nicht zu viel mit Gedanken an die Vergangenheit oder die Zukunft. Es existiert nur die jetzige Präsenz. In dem Moment des Augenblicks sind die Chancen des Lebens verstecket. Sie müssen nur achtsam sein, sie sehen und sie ergreifen.

Schon Albert Einstein hat herausgefunden, dass die Zeit, wie wir Sie kennen nicht existiert. Sie dient lediglich der Orientierung.

Erledigen Sie die Dinge sofort, dann haben Sie im Jetzt weniger zu tun.

Wenn nicht jetzt, wann dann?

Wenn die Zeit also nicht real existiert, so müssen sie nicht der Zeit hinter hetzen. Spüren sie doch mal in sich hinein, wie es wäre, alle Zeit der Welt zu haben. Sie müssten nicht von einem Termin zum nächsten rennen. Sie sind einfach nur da und leben im Augenblick, im Moment, im Jetzt.

Tool

Lassen Sie alle Gedanken die nichts mit dem gegenwärtigen Augenblick zu tun haben an sich vorüber ziehen.

Seinen Sie mit ihrer vollen Aufmerksamkeit bei dem, was Sie gerade tun.

Es ist immer jetzt. Durch all die verschiedenen Situationen kommt es ihnen vielleicht so vor, als ob Sie von einem Augenblick zum nächsten Augenblick kommen. Aber es ist nur die Situation die Sie hintereinander wahrnehmen. Auch die Gedanken über die Vergangenheit und die Zukunft haben Sie in diesem Moment.

Die Zeit als Uhr, Monat und Jahr dient uns nur zu Orientierung, damit wir uns an einem bestimmten Ort zu einem bestimmten Zeitpunkt im Jetzt treffen können.

Das Jetzt hat kein Anfang und kein Ende.

Es ist immer da. Spüren Sie einen Unterschied zu einem Jahr oder zu 30 Jahren? Vermutlich fühlt sich beides gleich an, da nur das Jetzt real existiert.

Wenn Sie “Ja“ zum Jetzt sagen also zu der Form der Situation, die gerade ist, dann ist dies der Übergang zum formlosen und somit das Tor zum Sein. Nehmen Sie die Situation so an, wie Sie ist und widerstreben Sie ihr nicht dann werden Sie zum Glück, das in ihnen steckt gelangen. Andernfalls werden Sie sich dem Unglück beugen. Es ist ihre freie Entscheidung.

Nimm die Situation so an, wie Sie ist.

Es ist wie es ist.

Tool____

Schreiben Sie auf, wofür Sie alles dankbar sind. Sparen Sie dabei die materiellen Dinge aus.

Dann stellen Sie sich vor, dass Sie für all das was Sie haben glücklich sind.

Wo genau in ihrem Körper können Sie es spüren?

Wie fühlt es sich an?

Leben Sie im Jetzt, dann entgeht ihnen nichts und Sie können sich von vielen negativen Gedanken aus der Vergangenheit oder der Zukunftsfantasie befreien.

Sie werden merken, wie gut das tut, dem Lärm der Gedanken zu entkommen. Sie haben ihre Gedanken im Griff, nicht die Gedanken Sie.

Wenn Sie mit dem Übereinstimmen was gerade geschieht, es so annehmen und akzeptieren, müssen Sie nicht mehr über gut oder schlecht bestimmen. Urteilen Sie nicht. Sie werden intuitiv die richtige Entscheidung treffen.

Tool____

Sehen Sie sich einen Gegenstand neutral an.

Werten Sie nicht (schön oder hässlich/ hart oder weich/…)

Er ist wie er ist

Wenn Sie das Jetzt so annehmen wie es ist, müssen Sie nicht mehr darüber nachdenken, was schief gelaufen ist und beugen somit negativen Emotionen vor. Genau so ist es auch, wenn Sie über die Zukunft nachdenken. Sie entscheiden ob Sie ihre Zukunft mit positiven oder mit negativen Emotionen in ihrer Fantasie sehen wollen.

Nehmen Sie den Augenblick an und sehen Sie darin die Vollkommenheit die nichts mit der Zeit zu tun hat. Um diese Vollkommenheit sehen und fühlen zu können, müssen Sie die äußere Form ablegen. Sie selbst können entscheiden ob Sie das Jetzt, den gegenwärtigen Augenblock als Feind oder als Freund sehen. Dies wiederum wirkt sich auf ihre Emotionen aus. Begegnen Sie dem Jetzigen Augenblick als Freund, so heißen Sie ihn willkommen, wie auch immer er aussehen mag. Suchen Sie in schlimmen Situationen nach dem guten, so werden Sie die positive Seite auch finden.

Wenn Sie trotz unruhiger und harter Zeiten dennoch das Glück in sich sehen, dann haben Sie sich von allem losgelöst und können das Leben so annehmen wie es ist. Sie haben das natürliche im Menschen wiedererkannt.

Suchen Sie die Freude in kleinen Dingen. Je mehr Sie sich über kleine Dinge freuen oder über Dinge die für Sie eigentlich als selbstverständlich sind, desto glücklicher sind Sie. Nehmen Sie die Menschen so an wie Sie sind. Wenn es oihnen hilft, versetzen Sie sich in seine Lage.

Warum könnte er so handelt?

Warum könnte er so denken?

Wie könnte er fühlen?

Finden Sie die guten Seiten an einem Menschen heraus und würdigen Sie diese. Sie werden merken wie zufrieden Sie sein werden und wie stressfrei das Leben sein kann, wenn Sie sich auf die guten Seiten eines Menschen beschränken und die nicht so guten Seiten annehmen können.

Oft ist es unnötig, ihre Energie an negative Dinge zu vergeuden. Was bringt ihnen das schon? Investieren Sie ihre Energie lieber in positive Dinge die ihnen Spaß machen. Fangen Sie an sich selbst so zu lieben wie Sie sind und dann ihre Mitmenschen. „Liebe deinen nächsten wie dich selbst" und ihnen bleibt Leid erspart.

SINNFINDUNG

„Back to Basic". Wenn Sie sich wieder erkannt haben, wer Sie von Natur aus sind, also reines Bewusstsein, dann haben Sie das Leben verstanden. Spielen Sie mal ganz Bewusst mit ihren Freunden oder Kinder, gehen Sie in die Natur machen Sie die Dinge, bei denen keine Technik erforderlich ist, machen Sie Sachen aus ihrer eigenen Kraft heraus und spüren Sie das natürliche darin. Finden Sie ihr inneres Kind wieder. Sie werden merken, wie zufrieden Sie dabei sind, wenn Sie im gegenwärtigen Augenblick aus ihrer eigenen initiative heraus leben.

Entdecken Sie in all den Dingen ihre Schönheit. So wie jede Entscheidung seine zwei Seiten hat, so können Sie auch in dem Lebendigen die Schönheit sehen. Schauen Sie sich doch mal eine Blume ganz genau an und entdecken Sie die Schönheit. Wenn Sie durch einen Regenschauer gehen, denken Sie daran, wie gut dieser der Natur tut.

Das vorrangige Ziel ist es, im Einklang mit dem Jetzt und dem Bewusstsein zu sein. Verlieren Sie das nicht aus den Augen, wenn Sie ihr zweitrangiges Ziel auf Erden verfolgen, wenn Sie z.B. durch die Erreichung einer Fortbildung unter Stress geraten. So ist dies sicherlich nicht der Sinn des Lebens. Durch all die äußeren, zweitrangigen Ziele entstehen oft Angst und andere negative Eigenschaften. Dabei haben Sie ihr wirkliches Ziel, nämlich im gegenwertigen Augenblick das Leben auszukosten und dem zu folgen weshalb Sie auf die Erde gekommen sind ganz verloren.

Du hast das unglaubliche Glück, auf der Erde zu sein.

Du als Bewusstsein hast das Glück, menschliche Erfahrungen machen zu dürfen.

Nimm dieses unsagbare Glück an, sei dankbar dafür und schätze es.

Mach dir bewusst, dass es nur ein kurzer Moment in der Ewigkeit auf Erden ist.

Also finde deine AufGABE und lebe danach.

Physisch gesehen, ist unser Körper so wie alle anderen Dinge vergänglich. Das einzige was nicht vergänglich ist, ist unser BewusstSEIN. Also identifizieren Sie sich nicht weiterhin mit ihrem Körper. Das heißt nicht, dass Sie ihn nicht pflegen dürfen. Aber irgendwann wird er runzelig und schwach und wenn die Zeit gekommen ist, sogar dahin scheiden.

Wenn ihnen aber wieder Bewusst wird, dass Sie als Sein und Bewusstsein formlos sind, dann brauchen Sie keine Angst davor haben, wenn Sie irgendwann ihren Körper verlieren werden.

In der stille des gegenwärtigen Bewusstseins, finden Sie das formlose Sein. Dieses ist mit dem Menschsein (als Form) mit einander verwoben. Machen Sie sich klar, dass alles vergänglich ist, genießen Sie die Schönheit, so lange Sie da ist. Wenn Sie sich also nicht mit den Dingen und ihren Gedanken identifizieren, können Sie die Ereignisse in ihrem Leben besser überblicken und Sie werden keine Zukunfts- und Verlustängste mehr haben.

Tool

Suchen Sie sich Dinge, die ihnen wichtig sind und machen Sie sich bewusst, dass Sie sich darin wiederfinden.

Nehmen Sie es an.

Dieses Bewusst Werden ist der erste Schritt los zu lassen

Das was du annimmst, kannst du los lassen.

Tool

Schauen Sie sich einen Sonnenaufgang an und spüren Sie die formlose weite des Raums, wie Sie das Sein berührt.

Das sind Sie.

Auf der Erde sind Sie beides Form und das formlose, allerdings verhaften Sie sich allzu sehr in der Form der Gedanken, Emotionen und dem Körper. Dabei bleibt allzu oft das formlose auf der Strecke. Finden Sie die Balance für sich heraus.

Durch den ganzen Stress verfolgen Sie immer mehr ihr zweitrangiges Ziel in Form und vergessen dabei ganz die Ewigkeit und ihren Ursprung dessen lebendige Wirklichkeit Sie sind. Reines Bewusstsein.

Werde wach und komm zum Ursprung zurück. Und dann bring das Sein und den Mensch der du auf Erden bist in Einklang.

Ein paar Ideen um ihr Leben im Einklang zu genießen:

Seien Sie sich treu.

Leben Sie im Jetzt.

Lassen Sie die Liebe in sich lebendig werden und lassen Sie andere daran teilhaben.

Üben Sie sich in der Annahme.

Geben Sie mehr (von Herzen) als Sie nehmen.

Leben Sie so, dass Sie nichts zu bereuen haben.

Akzeptieren Sie den Tod.

Wenn Sie dies nach und nach in ihren Alltag einfließen lassen, öffnen Sie sich der Spiritualität und finden zum Sein.

Gebe dich hin in das Geschehen des Werdens (Geburt) und des Sterbens (Tod), um die Unendlichkeit des Seins zu erfahren.

TOD

Für viele Menschen ist der Tod immer noch ein Tabu Thema, es wird nicht darüber gesprochen oder nachgedacht, weil es in ihnen ein starkes Gefühl der Angst, Sinnlosigkeit oder Traurigkeit auslösen kann.

Doch wenn Sie sich mit dem Thema befassen und aus physiologischer Sicht wissen, wie der Tod funktioniert, dann werden Sie weniger Angst vor dem Sterben haben.

Auch die Sterbeforschung heute, hat einige Beweise dafür gefunden, dass wir unsterblich sind. Es ist lediglich der Körper, den wir (als BewusstSEIN) verlassen.

Wenn Sie von der Erde gehen, bleibt der leere Körper zurück. Sie als natürliches Bewusstsein gehen wieder zurück ins Jenseits, wo Sie einst hergekommen sind.

Sie gehen zurück in den Ursprung allen Lebens, in das Licht, die Wärme, die Liebe und Geborgenheit. Sie kehren in etwas Fundamentale, in ihre Heimat zurück.

In manchen Völkern, wird der Tod sogar gefeiert, da die Seele ihre Lebensaufgabe auf Erden erfüllt hat und somit wieder in die Vollkommenheit des Seins zurückkehren kann.

Ein Beispiel für eine Nahtoderfahrung wird ihnen zeigen, dass das Bewusstsein aus dem Körper reisen kann. Ein von Geburt an blinder Mensch konnte bei einer Nahtoterfahrung alles sehen. Das heißt, dass unser Bewusstsein immer gesund ist. Nur unser Körper und unser Geist können krank sein. Wenn Sie vor dem sterben große Schmerzen erleiden, so werden Sie in dem Moment, wenn Sie den Köper ganz verlassen haben keine Schmerzen mehr spüren. Sie werden sich frei fühlen und ein tiefer Friede wird Sie erreichen, Sie sind auf der anderen Seite im Jenseits, wo Sie das Diesseits nicht mehr großartig interessieren wird.

Ein anderes Beispiel: Während einer Operation ist ein Mann klinisch Tod, sein Bewusstsein verlässt für einen Moment seinen Körper. Nach der Operation konnte er eine genaue Unfallbeschreibung abgeben. Obwohl er gar nicht dabei war und auch unmittelbar nach der Operation keinen Besuch hatte oder Nachrichten gehört hatte, konnte er eine detailgetreue „Aussage“ machen.

Noch ein Beispiel: Ein Motoradfahrer hat einen schweren Unfall und liegt unter den Auto, nachdem er im Krankenhaus aufwachte, wusste er genau, was alles um ihn herum geschehen war, obwohl er das aus seinem Blickwinkel nie hätte sehen können.

Oft werden die Menschen bei einer Nahtoderfahrung von einem warmen liebevollen Licht umgeben. Sie spüren eine gewisse Leichtigkeit und meinen zu schweben. Gleichzeitig sehen Sie ihr Leben an sich vorbei ziehen. Sie sehen sich (ihren Körper) und alles drum herum. Alles geschieht gleichzeitig. Auch wenn es sich für uns nacheinander anfühlt. Im Jenseits geschieht alles gleich zeitig (Jetzt).

Sie werden den totalen Überblick haben. Während der Reise ins Jenseits können Sie bereits Verstobene wieder „sehen“.

Haben Sie nicht manchmal das Gefühl, das ein bereits Verstorbener immer noch irgendwie bei ihnen ist?

Nun, wenn ihr Körper noch lebensfähig ist, haben Sie die freie Entscheidung, in den Körper zurückzukehren oder weiter ins Jenseits der Ewigkeit zu reisen. Wenn Sie noch unerledigte Dinge auf Erden haben, werden Sie sich für eine Rückführung entscheiden. Solange die Silberschnur (ein Feinstoffliches Band) nicht durchtrennt ist, haben Sie die Möglichkeit.

Bei der Geburt ist es die Nabelschnur, beim Tod ist es die Silberschnur, die den jeweiligen Übergang Entscheiden.

Somit sind Geburt und Tod das gleich.

In beiden Fällen treten Sie eine Reise an.

In beiden Fällen erblicken Sie das Licht.

In beiden Fällen reisen Sie durch einen Tunnel.

Beides sowohl die Geburt als auch der Tod können schmerzhaft sein. In beiden Fällen sind Sie das was Sie sind: BewusstSEIN

Gerade bei Menschen, die schwerbehindert auf die Welt kommen, können Sie sehen, wie ihre Augen strahlen, wie glücklich Sie sein können. Auch wenn Sie es sich als gesunder Mensch nicht vorstellen können warum dieser Mensch glücklich sein kann.

Vielleicht identifiziert sich der Mensch mit den schweren Behinderungen nicht mit seinem Körper und seiner Gesundheit.

Vielleicht identifizieren Sie sich zu sehr mit ihrem Körper und ihrer Gesundheit.

In beiden Fällen jedoch ist das Bewusstsein immer vollkommen gesund, es kann nicht vernichtet werden.

Zurück zu den Nahtoderfahrungen. Sobald Sie sich in ihrem Körper wieder finden, werden Sie früher oder später das Leben zu schätzen wissen. Nach einer gewissen Zeit der Selbstfindung, werden Sie jegliche materielle Dinge als sinnlos empfinden. Sie werden jeden Tag auskosten, als ob es der letzte auf Erden wäre. Diese Bewusstseinsveränderung kann auch eintreten, wenn eine nahestehende Person stirbt. Wenn also Naturkatastrophen oder Terror passieren, wobei viele Menschen ums Leben kommen. So kann also ein neuer Bewusstseinszustand bei den Hinterbliebenen eintreten. Je mehr Menschen zu einem neuen Bewusstsein kommen, desto friedlicher und harmonischer könnte die Welt werden. Wenn für Sie Besitz und Materielles keine großen Identifikationen mehr mit sich hervorrufen, werden Habgier und Neid weniger.

Um zu einem neuen Bewusstseinszustand zu kommen müssen Sie keine Nahtoderfahrung machen oder einen Menschen verlieren. Leben Sie nach den Spirituellen „Regeln“ und finden Sie für sich heraus, wie sich ihr Leben positiv verändern wird.

Der Tod bringt nur die Trauer hervor, weil Sie sich mit ihrer Mutter oder ihrer Tochter identifizieren. Es ist ihre Mutter/ ihre Tochter (Besitz) und nicht eine Tochter oder eine Mutter (nicht ihr Besitz). Dies sei nur kurz erklärt. Natürlich dürfen oder müssen Sie sogar Trauern das ist menschlich und gehört dazu. Aber durch dieses Wissen, das Sie reines Bewusstsein sind und sich nach ihrem Tod wieder treffen wenn Sie es möchten, können Sie nach einer gewissen Zeit der Trauer wieder ins Leben zurückfinden. Sie werden die Situation irgendwann annehmen müssen, da Sie sie nicht ändern können. Los lassen.

Wenn Sie für sich erkannt haben, dass Sie Teile eines großen Ganzen/ einer Einheit sind, werden Sie den Tod besser akzeptieren können. Schließlich reisen Sie wieder nach Hause zurück.

Wenn Sie sterbende beobachtet, die glücklich gelebt haben, so werden Sie ein Lächeln, einen tiefen inneren Frieden in ihren Augen/ in ihrem Gesicht erblicken können. Sie zeigen auf ein Ziel oder sehen sogar schon kurz vor dem sterben Verstorbene und reden mit ihnen, auf einer gewissen Ebene.

Sie geben uns ein Zeichen, das es in Ordnung ist, die Welt zu verlassen. Lassen Sie ihn gehen, geben auch Sie ihm ein Zeichen, das es in Ordnung ist, die Welt jetzt zu verlassen. Lassen Sie den Menschen würdevoll gehen.

Je mehr Sie in Hass, Wut und Ärger gelebt haben, desto schwieriger gestaltet sich das sterben, da Sie noch einige unerledigte Dinge zu vollbringen haben.

Fangen Sie an im Hier und Jetzt zu leben und den Tod zu akzeptieren.

Beim Sterben erleben Sie als erstes einen leichten Schwebezustand, beispielsweise wie in einem Traum. Das ist die Lockerung zwischen Körper und Seele.

Dann werden Sie mit ihrem Leben konfrontiert die so genannte Lebensrückschau. Dabei werden Sie Auswirkungen ihres Denkens und Handelns erfahren.

Der sterben nimmt keine Nahrung mehr auf und möchte keine Flüssigkeit mehr auf nehmen. Mit zunehmendem Verfall des Körpers empfindet der sterbende kein Hunger und Durst mehr, dies verhindert unnötige Qualen das Sterben zu verlängern. Sobald der Köper keine Kraft mehr hat, fühlt er sich Blei schwer an, als ob er im Boden versinken würde. Widerstreben Sie nicht dem Kontrollverlust, desto einfacher wird die Ablösung des Körpers sein. Die Erdelemente schwinden nun endgültig. Beim auflösen des Wasserelementes laufen alle Körperflüssigkeiten heraus, die Nase läuft, die Tränen, der Urin. Das Atmen wir schwerfälliger es wandelt sich in Rasseln und Keuchen. Wenn das Atmen aufgehört hat, ist die Seele endgültig außerhalb des Körpers und die Seele löst sich von der Silberschnur (ein feinstoffliches Band). Dies ist der eigentliche Moment des Todes, die Seele geht in die „Form“ des Seins über.

Im Augenblick des Todes herrschen starke Energien. Es kommt zu Phänomenen wie Lichterscheinungen, das still stehen von Uhren oder Dinge bewegen sich kurz.

Viele Sterbebegleiter können von solchen Ereignissen berichten. Menschen die nicht vor Ort sind, wissen innerlich, dass jemand stirbt. (So wie bei einem starken Sturm, Sachen durch die Energie des Sturms durch die Gegend fliegen, so herrscht auch beim Sterbeprozess eine hohe Energie.)

Der Verstorbene ist nun Körperlos, dennoch kann er alles wahrnehmen, was um ihn herum geschieht.

Nun ist ihr Seele/ das Bewusstsein im Jenseits angekommen und ist frei von Schmerzen jeglicher Art. Sie sind nun wieder zu Hause angekommen, ein zu Hause voller Wärme, Licht und Liebe.

Sie haben nur Angst vor dem Tod, wenn Sie denken, dass Sie eine große Unvollkommenheit erwartet. Beginnen Sie herauszufinden, wozu Sie auf die Erde gekommen sind und Leben Sie danach im Hier und Jetzt. Dann wird ihr Leben vollkommen sein.

Um den Tod akzeptieren zu können, brauchst du das Gefühl, gelebt zu haben.

Lebe glücklich und du wirst, wenn es so weit ist bereit sein.

Nimm den Tod an und schließe mit ihm Frieden, desto einfacher wirst du gehen können.

Der Tod sowie die Geburt sind unumgänglich, um auf der Erde zu leben.

Erst wenn du den Tod als unumgängliches Ereignis annehmen kannst, wirst du anfangen können zu Leben.

Du wirst dein Urvertrauen wieder gefunden haben. Du fühlst dich frei, deine Ängste werden weniger, du bist zufrieden und einfach glücklich, du hast einen wesentlich breiteren Überblick ...

SCHLUSSWORT

Hören Sie auf ihr Herz und ihr Gefühl. Da jeder seine eigene Wahrheit hat, nehmen Sie aus diesem Buch das für sich heraus, was ihnen persönlich als richtig und wichtig erscheint.

Ich kann ihnen nur empfehlen, die Spiritualität für sich zu entdecken. Ihr Leben wird sich dadurch grundlegend positiv verändern. Es ist ein Prozess der sich über einen längeren Zeitraum hinzieht und nach und nach eintritt. Aber es lohnt sich!

Sie selbst haben ihr Leben in der Hand.

Wenn Sie etwas erreichen möchten, dann fangen Sie JETZT an.

Es ist immer Jetzt.

Willkommen im Leben

www.st-personal-coach.de

ANMERKUNGEN

Hiermit übernehme ich keine Haftung für nicht achtsam durchgeführte Tools an ihnen oder ihren Klienten. Wenn Sie merken, dass es ihnen dabei nicht gut geht, wenden Sie sich bitte an einen Coach, Psychologen oder Therapeuten ihres Vertrauens.

Auch ich stehe ihnen für weitere Fragen gern zur Verfügung.

Nach einer Idee von:

S. 31 Kommunikation „Schulz von Thun“

S. 58 Rollendisidentifikation „Robert Assagioli“

NOTIZEN

NOTIZEN

NOTIZEN

Printed by Books on Demand GmbH, Norderstedt / Germany